NAUFRAGIOS

ÁLVAR NÚÑEZ
CABEZA DE VACA

NAUFRAGIOS

EDICIÓN, INTRODUCCIÓN Y NOTAS
DE JOAN ESTRUCH

DISTRIBUCIONES
FONTAMARA

Primera edición: 1982, Editorial Fontamara, S.A., Barcelona, España
Primera edición: 1988, Distribuciones Fontamara, S.A.
Cuarta edición: 2001

ISBN   968-476-073-6

© **Distribuciones Fontamara, S. A.**
   Av. Hidalgo No. 47-b, Colonia del Carmen
   Deleg. Coyoacán, 04100, México, D. F.
   Tels. 5659•7117 y 5659•7978 Fax 5658•4282

Impreso y hecho en México
Printed and made in Mexico

INTRODUCCIÓN

VIDA

Lo único que sabemos con seguridad de la vida de Alvar Núñez Cabeza de Vaca procede de lo que él mismo nos cuenta en sus *Naufragios* y *Comentarios*. Los datos de su biografía anteriores y posteriores a sus expediciones americanas están aún envueltos en una espesa niebla de incertidumbre. Incertidumbre que comienza a la hora de determinar la fecha y el lugar de su nacimiento. Parece ser que nació en 1507, aunque algunos estudiosos se inclinan por 1490 o 1500. Por lo que se refiere a su lugar de nacimiento, existe mayor seguridad: lo más probable es que naciera en Jerez de la Frontera, solar de su familia paterna y lugar de nacimiento de su madre. Sevilla y Extremadura también han sido propuestas como posibles cunas de Alvar Núñez. Respecto a su familia, él mismo nos dice con orgullo que era nieto de Pedro de Vera, noble jerezano famoso por haber dado fin a la conquista de las Canarias. Los métodos crueles y expeditivos que utilizó para ello movieron a los Reyes Católicos a apartarlo del gobierno de las islas y encauzar sus energías hacia la conquista de Granada.

Nada sabemos de la infancia y la juventud de Alvar Núñez hasta el 17 de junio de 1527, fecha en la que zarpa de Sanlúcar de Barrameda hacia la Florida en la expedición de Pánfilo de Narváez, con el cargo de tesorero y alguacil mayor. De esta expedición, compuesta por cinco navíos y unos 600 hombres, sólo quedarían Alvar Núñez y tres de sus compañeros. Todos los demás perecerían víctimas de las enfermedades y de los ataques de los indios, los feroces semínolas, que ya habían dado al traste con las expediciones de Ponce de León y Blasco de Garay.

Durante ocho años (1528-1536), Alvar Núñez recorrió, casi siempre a pie, el sur de lo que hoy son los Estados Unidos, desde la Florida hasta México. Para sobrevivir entre las tribus indias tuvo que adaptarse a toda clase de costumbres y ritos. Se vio convertido en curandero, y sus prodigiosas curaciones le ganaron un respeto supersticioso entre los indios. Todas estas vicisitudes, que él nos cuenta de forma natural y sencilla en sus *Naufragios*, convierten su periplo en una aventura única y extraordinaria en los anales de la conquista de América.

Vuelto a España en 1537 para informar al Emperador Carlos V de sus hazañas, pronto quiso regresar a América, como si las penalidades que allí había sufrido actuaran como un poderoso imán. En 1540 hizo capitulaciones con Carlos V: éste le nombraba gobernador del Río de la Plata y le concedía el 10% de los beneficios de la expedición; a cambio, Alvar Núñez sufragaba todos los gastos, por valor de 8.000 ducados, y se comprometía a proseguir los descubrimientos de Pedro de Mendoza, fundador de Buenos Aires, y a socorrer a los españoles que estaban allí en condiciones precarias tras la muerte de Mendoza. El 2 de noviembre Alvar Núñez partió de Cádiz al frente de una expedición de 400 soldados. En marzo de 1541 llegó a la isla de Santa Catalina, en el Brasil, y desde allí se dirigió a Asunción, poblado fundado por los españoles en plena selva. Asumió el mando de todos los españoles de la zona e inició una política de atracción de las tribus indias. Su táctica consistía en evitar cualquier tipo de agresión a los indígenas, acabando con el pillaje y los atropellos a que estaban acostumbrados los españoles. Esta política era la aplicación de sus ideas sobre la colonización, más cercanas a las del padre Las Casas que a los hábitos de los conquistadores. Ya en sus *Naufragios* había defendido la necesidad de recurrir a métodos pacíficos para someter a los indios. Estas innovaciones provocaron el disgusto de los españoles. El malestar desembocó en una rebelión que en abril de 1544 destituyó a Alvar Núñez y nombró gobernador a Domingo de Irala. Alvar Núñez estuvo preso cerca de un año, y finalmente lo enviaron a España encadenado.

Todos estos sucesos son narrados por Alvar Núñez en su libro *Comentarios*, editado en Valladolid en 1555. En él hace una detallada narración de su gobernación del Río de la Plata con la finalidad de defender su actuación y refutar las acusaciones de sus enemigos. Sin embargo, el libro no pierde el tono desapasionado de que ya había hecho gala en sus *Naufragios*. Para Alvar Núñez, las causas de la rebelión que lo destituyó han de buscarse en su firme voluntad de acabar con las costumbres relajadas de los españoles y en la rivalidad de Domingo de Irala. Al final, el libro adquiere cierto sabor apologético: Alvar Núñez insinúa que la Providencia está de su parte al describir el prodigioso cese de una tempestad en alta mar en el mismo momento en que sus guardianes lo liberan de sus cadenas y las no menos extrañas muertes súbitas de sus acusadores.

Al margen de estos aspectos propagandísticos, los *Comentarios*, igual que los *Naufragios*, están llenos de observaciones interesantes sobre los territorios y las tribus del Río de la Plata. Alvar Núñez fue el descubridor de las cataratas del Iguazú y uno de sus capitanes, Hernando de Ribera, a la vuelta de una de sus expediciones trajo noticias que configuraron las dos leyendas de mayor influencia en la conquista de América: la de El Dorado y la de las amazonas.

Es difícil hacer una valoración objetiva de la actuación de Alvar Núñez como gobernador del Río de la Plata. Algunos historiadores, como Fernández de Oviedo [1] o Félix de Azara [2], recogiendo las versiones de los sublevados contra él, le acusan de autoritarismo, de falta de dotes de mando y de cometer crueldades con los indios. En el otro extremo, ciertos escritores, como el padre Antonio Vázquez de Espinosa [3], en el siglo XVII, o Antonio Ardoino, marqués de Sorito [4], en el XVIII, quisieron hacer de él una especie de santo, considerando milagrosas las curaciones que realizó entre los indios durante su viaje por el sur de los Estados Unidos.

Esta dificultad de enjuiciamiento de su actuación en el Río

(1) *Historia General y Natural de Indias,* Madrid, Biblioteca de Autores Españoles, 1959.
(2) *Descripción e historia del Paraguay y del Río de la Plata,* Madrid 1847.
(3) *Compendio y descripción de las Indias Occidentales,* Madrid Biblioteca de Autores Españoles, 1969.
(4) *Examen apologético de la histórica narración de los Naufragios, peregrinaciones y milagros de Alvar Nuñez Cabeza de Vaca,* Madrid 1736.

de la Plata, se puso de manifiesto en la ambigüedad del resultado del proceso a que fue sometido a su regreso a España. Cuando llegó a la corte, el ambiente era poco favorable para su causa. Se acababa de producir un giro en la política americana. La promulgación de las Leyes Nuevas de Indias (1542), que prohibían el sistema de encomiendas, había provocado un movimiento de protestas y sublevaciones entre los colonos españoles, movimiento que tuvo su máxima expresión en la rebelión de Gonzalo Pizarro en Perú. A pesar de que las rebeliones fueron dominadas, el Emperador comprendió la necesidad de un apaciguamiento, y en 1545 fueron de nuevo autorizadas las encomiendas, aunque moderando sus aspectos más negativos. La sublevación que destituyó a Alvar Núñez aparecía, pues, como un episodio más de protesta de los colonos españoles. Dar la razón a Alvar Núñez y restituirlo en su cargo hubiera supuesto más problemas que ventajas para la Corona, cuyas preocupaciones se centraban en la política europea.

Otro acontecimiento actuó contra Alvar Núñez: a poco de llegar a la corte, murió el presidente del Consejo de Indias, el dominico García de Loaysa, firme partidario de la defensa de los indios. Esta desfavorable coyuntura política explica que Alvar Núñez fuera condenado por el Consejo de Indias a privación de sus cargos y destierro a Orán. Alvar Núñez apeló, y tras ocho años de permanencia en la corte, fue absuelto, aunque no se le restituyó su cargo de gobernador del Río de la Plata. Quizá como medida compensatoria, fue nombrado presidente del Tribunal Supremo en Sevilla, donde murió hacia 1559. Otras versiones afirman que se hizo religioso y que murió en 1564 siendo prior de un convento sevillano.

VALOR DOCUMENTAL DE LOS «NAUFRAGIOS»

El relato de Alvar Núñez Cabeza de Vaca, primer europeo que viajó por los territorios meridionales de los Estados Unidos, se encuentra repleto de observaciones curiosas, algunas de ellas de indudable valor etnológico. Su larga convivencia con numerosas tribus del tronco sioux le hizo conocer extrañas y variadísimas costumbres, que describe con un tono llano y sobrio. El Mississippí, el tabaco, el bisonte, los ritos más curiosos pasan ante sus ojos sin provocar grandes muestras de asombro. Diríase que ocho años de penalidades, de ir de tribu en tribu proporcionaron a Alvar Núñez un punto de vista impregnado de un estoico relativismo. Hay pocos juicios de valor en su relato. Al descubrir tantos hechos insólitos, no lo hace para contrastarlos con la cultura europea y reafirmar su superioridad, sino «para que se vea y se conozca cuán diversos y extraños son los ingenios e industrias de los hombres humanos» (Cap. XXX), frase también significativa porque considera a los indios como seres humanos en unos momentos en que sesudos teólogos discutían si tenían alma. Este distanciamento hace que pocas veces se altere la austeridad de su relato. Al describir la antropofagia forzada de sus compañeros, hasta se permite cierta dosis de ironía:

> «...y cinco cristianos que estaban en rancho en la costa llegaron a tal extremo que se comieron los unos a los otros, hasta que quedó uno solo, que por ser solo no hubo quien lo comiese.» (Cap. XIV)

Sólo se indigna ante la homosexualidad masculina, plenamente aceptada en algunas tribus:

> «...vi una diablura y es que vi un hombre casado con otro, y éstos son unos hombres amariconados, impotentes, y andan tapados como mujeres y hacen oficio de mujeres.» (Cap. XXVI)

Pero, casi más que las costumbres de estas tribus, a Alvar Núñez le llama la atención todo lo relacionado con la comida, interés bien justificado, pues, como bien ha observado Dionisio Ridruejo, el hambre es el tema central del relato, un hambre terrible:

> «...comen arañas e huevos de hormigas, y gusanos e lagartijas e salamanquesas e culebras y víboras que matan los hombres que muerden, y comen tierra y madera e todo lo que pueda haber, y estiércol de venados, y otras cosas que dejo de contar, y creo

averiguadamente que si en aquella tierra hobiese piedras, las comerían.» (Cap. XVIII)

La variedad del trato que recibía –unas veces los indios lo amenazaban de muerte, otras lo recibían afectuosamente–, la irracionalidad de las costumbres a las que debía amoldarse hicieron que Alvar Núñez se adaptara a todo y a todos, guiado por su instinto de supervivencia: come raíces y cuero con unos, aguanta los palos de otros, recibe halagos de los de más allá. Y finalmente, como Lázaro ante el toro de piedra, aprende la lección que le permitirá sobrevivir:

> «En aquella isla que he contado nos quisieron hacer físicos, sin examinarnos ni pedirnos los títulos, porque ellos curan las enfermedades soplando al enfermo (...), y mandáronnos que hiciésemos lo mismo y sirviésemos en algo; nosotros nos reíamos dello, diciendo que era burla y que no sabíamos curar; y por esto nos quitaban la comida hasta que hiciésemos lo que decían (...) En fin nos vimos en tanta necesidad, que lo hobimos de hacer.»

A partir de aquí su suerte mejora notablemente. Alvar Núñez deja de ser un parásito, un elemento externo a las formas de vida primitiva y se convierte en un elemento útil, integrado. Sus curaciones mágicas –en el sentido literal de la palabra– le otorgan un valor y un prestigio, una razón de ser, o en otras palabras, un medio de ganarse la comida. A medida que se va acercando a las tribus del Norte de México, que practican la agricultura, su figura va adquiriendo dimensiones míticas. El carácter pacífico de estas tribus y sus creencias monoteístas facilitan su labor de difusión del mensaje cristiano. Pero, contradictoriamente, conforme se acerca a los territorios dominados por españoles, experimenta una extraña desazón: los españoles, sus compatriotas, siembran el terror entre los indios. Así, Alvar Núñez sale de una barbarie primitiva y espontánea para encontrarse ante otra barbarie «civilizada» y sistemática. Su reacción es de solidaridad con los indios:

> «Fue cosa de que tuvimos muy gran lástima, viendo la tierra muy fértil, y muy hermosa y muy llena

9

de aguas y de ríos, y ver los lugares despoblados y quemados, y la gente tan flaca y enferma, huida y escondida toda.» (Cap. XXXII)

Su manera de entender lo que debería ser la conquista y colonización, después de largos años de sufrimientos y peligros entre los indios, resulta de un alto valor humano:

«Claramente se ve que estas gentes todas, para ser atraídas a ser cristianos y a obediencia de la Imperial Majestad, han de ser llevados con buen tratamiento, y que éste es camino muy cierto, y otro no.» (Cap. XXXII)

Así, Alvar Núñez Cabeza de Vaca se convierte en una personalidad única y ejemplar, no sólo por el carácter sobrehumano de las aventuras que vivió, sino por su noble defensa del indio y su peculiar concepción de la colonización de América.

VALOR LITERARIO

Para poder valorar correctamente los *Naufragios* hay que tener en cuenta que se trata de una relación dirigida al Emperador y al Consejo de Indias. El relato no tiene, pues, una intención literaria, sino informativa y documental. Por ello, ni en los *Naufragios* ni en los *Comentarios* se encuentran citas en latín o referencias a la cultura clásica, tan usuales en la literatura culta de la época.

Consecuente con esta finalidad informativa, el estilo resulta un tanto monótono. Existe un desajuste entre el contenido, insólito, casi fabuloso, y el tratamiento formal, excesivamente pesado. Predomina el periodo largo, sin división en párrafos, con un claro predominio de procedimientos paratácticos:

«E yendo por nuestro camino llovió e todo aquel día anduvimos con agua, y allende desto, perdimos el camino e fuimos a parar a un monte muy grande, e cogimos muchas hojas de tunas e asámoslas, aquella noche en un horno que hecimos, e dímosles tanto fuego, que a la mañana estaban para comer.

13

Y después de haberlas comido encomendámonos a Dios y partímonos y hallamos el camino que perdido habíamos. Y pasado el monte hallamos otras casas de indios.» (Cap. XXIII)

Es probable que estas características estilísticas se deban a un método de redacción basado en la transcripción por un escribano de la relación oral de Alvar Núñez. Sabemos que el otro libro de Alvar Núñez, los *Comentarios*, fue escrito de esta forma por su escribano Pero Hernández. De ser cierta esta hipótesis, quedaría también explicada la casi total ausencia de estilo directo en todo el relato, lo cual aumenta su monotonía. Sólo al final del libro se permite Alvar Núñez romper esta norma al transcribir las palabras del capitán portugués que les acogió en las Azores.

Por último, quisiéramos referirnos brevemente a un interesante problema filológico en torno al texto de los *Naufragios*. El historiador Gonzalo Fernández de Oviedo nos dice que existen dos textos sobre las aventuras de Alvar Núñez y sus compañeros: el primero fue obra de Alvar Núñez, Alonso del Castillo y Andrés Dorantes; el segundo constituye los *Naufragios* y fue obra de Alvar Núñez solo. Fernández de Oviedo considera mejor y más claro el primer texto, una relación enviada en 1539 por los tres a la Audiencia Real de Santo Domingo, relación que Oviedo transcribe en lo esencial en el Libro XXXV de su *Historia General y Natural de las Indias*; en cambio, se limita a añadir una breve recopilación de datos extraidos de los *Naufragios*. Es muy posible que Alvar Núñez usara la relación de los tres, más cercana a los hechos, para redactar su libro. De hecho, existe un claro paralelismo entre ambos textos y la diferencia más notable, aparte de pequeños detalles, es que mientras en el relato de los tres se da un protagonismo colectivo, en el de Alvar Núñez su personalidad se destaca sobre la de sus compañeros.

Existe, además, un tercer texto[1], que de forma fragmentaria

---

[1] *Relación del viage de Pánfilo de Narváez al río de las Palmas, hasta la punta de la Florida; hecha por el tesorero Cabeza de Vaca (Año de 1527)*, en *Documentos inéditos del Archivo de Indias*, XIV, Madrid, 1870, pp. 265-278.

14

y muy sucinta narra las vicisitudes de la expedición de Narváez y el primer periodo de la vida de Alvar Núñez entre los indios. Probablemente se trata de una relación enviada al Consejo de Indias por Alvar Núñez a su llegada a España.

NUESTRA EDICIÓN

La edición príncipe de *Naufragios* se publicó en Zamora en 1542 con el título de *Relación que dio Alvar Núñez Cabeza de Vaca de lo acaescido en las Indias en el armada donde yva por governador Pamphilo de Narbáez*. Más tarde se reimprimió junto a los *Comentarios* en Valladolid, en 1555. De las ediciones posteriores, la mejor es la de M. Serrano y Sanz (Madrid, 1906), que reproduce fielmente la edición de Valladolid, corrigiendo sólo ciertas erratas evidentes.

Nos hemos basado, pues, en el texto de la edición de Serrano y Sanz modernizando la ortografía e introduciendo algunas notas de aclaración del léxico arcaico para facilitar su comprensión al lector no especialista. Siempre que hemos introducido alguna corrección en la edición de Serrano y Sanz lo hemos indicado en nota a pie de página.

La modernización del texto se ha hecho en base al principio general de modificar la ortografía de manera que no se altere la estructura fonética de las palabras. De acuerdo con este criterio, los principales cambios introducidos son los siguientes:

v-b: governador-gobernador
q-c: quarenta-cuarenta
ff-f: diffíciles-difíciles
y-i: yr-ir
x-j: caxas-cajas
ss-s: fuesse-fuese
rr-r: honrra-honra
z-c: dezir-decir
c-z: fuerça-fuerza

El mismo principio nos ha llevado a mantener los grupos consonánticos arcaicos: sc *(conoscer),* bj *(subjetas),* bd *(dubda),*

15

pt *(captiva)*. Durante el siglo XVI la lengua castellana sufrió un importante proceso de transformación que se tradujo en una oscilación entre formas arcaicas y formas modernas. Por ello, hemos respetado las distintas variantes de una misma palabra que coexisten en el texto: *mesmo/mismo, abscondidos/ascondidos/escondidos, rescebir/rescibir, do/donde, e/y, ansí/así,* etc.

BIBLIOGRAFÍA

PRINCIPALES EDICIONES

Relación que dio Alvar Núñez Cabeza de Vaca de lo acaescido en las Indias en el armada donde yva por governador Pamphilo de Narbáez, Zamora, 1542.

La relación y Comentarios del governador Alvar Núñez Cabeça de Vaca, de lo acaescido en las dos jornadas que hizo a las Indias, Valladolid, 1555.

Naufragios y Comentarios, en *Historiadores primitivos de las Indias Occidentales,* I, Edición de A. González Barcia, Madrid, 1749.

Naufragios y Comentarios, en *Historiadores primitivos de Indias,* I, Ed. de Enrique de Vedia, Madrid, Biblioteca de Autores Españoles, 1877.

Naufragios y Comentarios, Ed. de M. Serrano y Sanz, Madrid, Librería General de Victoriano Suárez, 1906.

Naufragios y Comentarios, Madrid, Editorial Calpe, 1922. Reimpresiones en la Colección Austral: 1942, 1946, 1947, 1957, 1971.

Naufragios y Comentarios, Ed. de Dionisio Ridruejo, Madrid, Ed. Taurus, 1969.

BANDOLIER, F.: *The journey of A. Núñez Cabeza de Vaca*, Nueva York, 1905.

BARRIS MUÑOZ, Rafael: «En torno a Alvar Núñez Cabeza de Vaca», *Boletín del Real Centro de Estudios Históricos de Andalucía*, nº1, Sevilla, 1927.

BELLOGIN GARCIA, A.. *Alvar Núñez Cabeza de Vaca*, Madrid, 1928.

CUNNINGHAME GRAHAM, R.D.: *Alvar Núñez*, 1897.

LEVILLIER, Roberto: *Correspondencia de los oficiales reales del Río de la Plata (1540-1596)*, Madrid, 1915.

MANTARAS, Federico: «Alvar Núñez Cabeza de Vaca», *Revista del Ateneo*, nº 37, Jerez de la Frontera, 1927.

PALOMEQUE, Alberto: «El proceso de Alvar Núñez Cabeza de Vaca», *Revista del Instituto de Historia y Geografía del Uruguay*, Tomo II, Montevideo, 1921-1922.

RUBIO, Julián Mª: «Alvar Núñez Cabeza de Vaca, segundo adelantado del Plata» en A. BALLESTEROS: *Historia de América*, VIII, Barcelona, 1942, pp. 159-214.

SERRANO Y SANZ, Manuel: *Examen de los escritos autobiográficos de navegantes y conquistadores españoles de América*, Madrid, 1905.

TORRE REVELLO, José: «Notas sobre el gobierno de Alvar Núñez Cabeza de Vaca en el Río de la Plata», *Boletín del Real Centro de Estudios Históricos de Andalucía*, nº 1, Sevilla, 1927.

NAUFRAGIOS

Probable itinerario de CABEZA DE VACA (1528-1536)

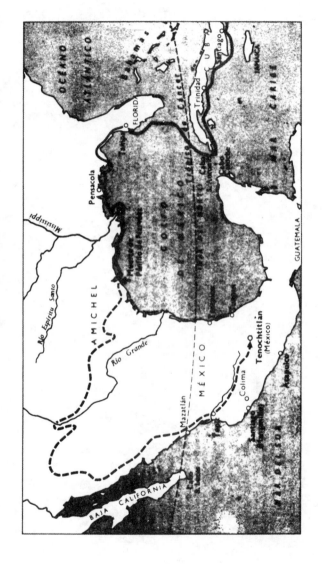

EL REY

Por cuanto por parte de vos, el gobernador Alvar Núñez Cabeza de Vaca, vecino de la ciudad de Sevilla, nos hecisteis relación diciendo que vos habíades compuesto un libro intitulado *Relación de lo que acaesció en las Indias,* en la armada de que vos íbades de gobernador. Y que asimismo habíades hecho componer otro intitulado *Comentarios,* que tratan de las condiciones de la tierra y costumbres de la gente della. Lo cual era obra muy provechosa para las personas que habían de pasar aquellas partes. Y porque el un libro y el otro era todo una misma cosa y convenía que de los dos se hiciese un volumen, nos suplicasteis os diésemos licencia y facultad para que por diez o doce años los pudieseis imprimir y vender, atento el provecho y utilidad que dello se seguía, o como la nuestra merced fuese. Lo cual, visto por los del nuestro Consejo, juntamente con los dichos libros que de suso se hace mención, fue acordado que debíamos mandar dar esta nuestra cédula en la dicha razón, por la cual vos damos licencia y facultad para que por tiempo de diez años primeros siguientes, que se cuenten del día de la fecha desta nuestra cédula, en adelante, vos, o quien vuestro poder hobiere, podáis imprimir y vender en estos nuestros reinos los dichos libros que de suso se hace mención, ambos en un volumen, siendo primeramente tasado el molde dellos por los del nuestro Consejo y poniéndose esta nuestra cédula con la dicha tasa al principio del dicho libro, y no en otra manera. Y mandamos que durante el dicho tiempo de los diez años ninguna persona lo pueda imprimir, ni vender, sin tener el dicho vuestro poder, so pena que pierda la impresión que así hiciere y vendiere y los moldes y aparejos con que lo hiciere, y más incurra en pena de diez mil maravedíes, los cuales sean repartidos: la tercia parte para la persona que lo acusare, y la otra tercia parte para el juez que lo sentenciare, y la otra tercia parte para la nuestra Cámara. Y mandamos a todas y qualesquier nuestras justicias y a cada una en su jurisdicción, que guarden, cumplan y ejecuten esta dicha nuestra cédula y lo en ella contenido, y contra el tenor y forma della no vayan, ni pasen, ni consientan ir ni pasar por alguna manera, so pena de la nuestra merced y de diez mil maravedíes para la Cámara a cada uno que lo contrario hiciere. Hecha en la villa de Valladolid a veinte y un días del mes de Marzo de mil y quinientos y cincuenta y cinco años.

La Princesa. = Por mandado de Su Majestad, Su Alteza, en su nombre.

FRANCISCO DE LEDESMA.

PROEMIO
SACRA, CESÁREA, CATÓLICA MAJESTAD

Entre cuantos príncipes sabemos haya habido en el mundo, ninguno pienso se podría hallar a quien con tan verdadera voluntad, con tan gran diligencia y deseo hayan procurado los hombres servir como vemos que a Vuestra Majestad hacen hoy. Bien claro se podrá aquí conoscer que esto no será sin gran causa y razón, ni son tan ciegos los hombres que a ciegas y sin fundamento todos siguiesen este camino, pues vemos que no sólo los naturales a quien la fe y subjeción obliga a hacer esto, mas aun los extraños trabajan por hacerles ventaja. Mas ya que el deseo y voluntad de servir a todos en esto haga conformes, allende la ventaja que cada uno puede hacer hay una muy gran diferencia no causada por culpa dellos, sino solamente de la fortuna, o más cierto sin culpa de nadie, mas por sola voluntad y juicio de Dios, donde nace que uno salga con más señalados servicios que pensó, y a otro le suceda todo tan al revés, que no pueda mostrar de su propósito más testigo que a su diligencia, y aún ésta queda a las veces tan encubierta que no puede volver por sí. De mí puedo decir que en la jornada que por mandado de Vuestra Majestad hice de Tierra Firme, bien pensé que mis obras y servicios fueran tan claros y manifiestos como fueron los de mis antepasados, y que no tuviera yo necesidad de hablar para ser contado entre los que con entera fe y gran cuidado administran y tratan los cargos de Vuestra Majestad y les hace merced. Mas como ni mi consejo, ni diligencia, aprovecharon para que aquello a que éramos idos fuese ganado conforme al servicio de Vuestra Majestad, y por nuestros pecados permitiese Dios que de cuantas armadas a aquellas tierras han ido ninguna se viese en tan grandes peligros, ni tuviese tan miserable y desastrado fin, no me quedó lugar para hacer más servicio deste, que es traer a Vuestra Majestad rela-

23

ción de lo que en diez años que por muchas y muy extrañas tierras que anduve perdido y en cueros, pudiese saber y ver, ansí en el sitio de las tierras y provincias y distancias dellas como en los mantenimientos y animales que en ellas se crían y las diversas costumbres de muchas y muy bárbaras naciones con quien conversé y viví, y todas las otras particularidades que pude alcanzar y conocer, que dello en alguna manera Vuestra Majestad será servido, porque aunque la esperanza que de salir de entre ellos tuve siempre fue muy poca, el cuidado y diligencia siempre fue muy grande de tener particular memoria de todo, para que si en algún tiempo Dios nuestro Señor quisiese traerme adonde ahora estoy, pudiese dar testigo de mi voluntad y servir a Vuestra Majestad. Como la relación dello es aviso, a mi parescer, no liviano, para los que en su nombre fueren a conquistar aquellas tierras y juntamente traerlos a conoscimiento de la verdadera fe y verdadero señor y servicio de Vuestra Majestad. Lo cual yo escrebí con tanta certinidad que aunque en ella se lean algunas cosas muy nuevas y para algunos muy difíciles de creer, pueden sin dubda creerlas, y creer por muy cierto que antes soy en todo más corto que largo, y bastará para esto haberlo yo ofrescido a Vuestra Majestad por tal. A la cual suplico la resciba en nombre de servicio, pues éste solo es el que un hombre que salió desnudo pudo sacar consigo.

CAPÍTULO I
EN QUE CUENTA CUANDO PARTIÓ EL ARMADA Y LOS OFICIALES Y GENTE QUE EN ELLA IBAN.

A diez y siete días del mes de Junio de mil y quinientos y veinte y siete partió del puerto de Sanlúcar de Barrameda el gobernador Pánfilo de Narváez con poder y mandado de Vuestra Majestad para conquistar y gobernar las provincias que están desde el río de las Palmas hasta el cabo de la Florida, las cuales son en tierra firme. Y la armada que llevaba eran cinco navíos, en los cuales, poco más o menos, irían seiscientos hombres. Los oficiales que llevaba (porque dellos se ha de hacer mención) eran éstos que aquí se nombran: Cabeza de Vaca, por tesorero y por alguacil mayor; Alonso Enríquez, contador; Alonso de Solís, por factor[1] de Vuestra Majestad, y por veedor[2]; iba un fraile de la orden de San Francisco, por comisario, que se llamaba fray Juan Suárez, con otros cuatro frailes de la misma orden; llegamos a la isla de Santo Domingo, donde estuvimos casi cuarenta y cinco días proveyéndonos de algunas cosas necesarias, señaladamente de caballos. Aquí nos faltaron de nuestra armada más de ciento y cuarenta hombres que se quisieron quedar allí por los partidos y.promesas que los de la tierra les hicieron. De allí partimos y llegamos a Santiago, que es puerto en la isla de Cuba, donde en algunos días que estuvimos el gobernador se rehizo de gente, de armas y de caballos. Suscedió allí que un gentilhombre que se llamaba Vasco Porcalle, vecino de la villa de la Trinidad, que es en la misma isla, ofresció de dar al gobernador ciertos bastimentos que tenía en la Trinidad, que es cien leguas del dicho puerto de Santiago. El gobernador con toda la armada partió para allá, mas llegados a un puerto que se dice Cabo de Santa Cruz, que es mitad del ca-

---

(1) *factor:* Oficial encargado de la recaudación de impuestos.
(2) *veedor:* Inspector.

mino, parecióle que era bien esperar allí y enviar un navío que trujese aquellos bastimentos, y para esto mandó a un capitán Pantoja que fuese allá con su navío, y que yo para más seguridad fuese con él, y él quedó con cuatro navíos, porque en la isla de Santo Domingo había comprado un otro navío. Llegados con estos dos navíos al puerto de la Trinidad, el capitán Pantoja fue con Vasco Porcalle a la villa, que es una legua de allí, para rescebir los bastimentos; yo quedé en la mar con los pilotos, los cuales nos dijeron que con la mayor presteza que pudiésemos nos despachásemos de allí, porque aquél era un muy mal puerto y se solían perder muchos navíos en él, y porque lo que allí nos suscedió fue cosa muy señalada me paresció que no sería fuera de propósito y fin con que yo quise escrebir este camino, contarla aquí. Otro día, de mañana, comenzó el tiempo a dar no buena señal, porque comenzó a llover y el mar iba arreciando tanto que aunque yo di licencia a la gente que saliese a tierra, como ellos vieron el tiempo que hacía y que la villa estaba de allí una legua, por no estar al agua y frío que hacía muchos se volvieron al navío. En esto vino una canoa de la villa, en que me traían una carta de un vecino de la villa, rogándome que me fuese allá y que me darían los bastimentos que hobiese y necesarios fuesen, de lo cual yo me excusé diciendo que no podía dejar los navíos. A mediodía volvió la canoa con otra carta en que con mucha importunidad pedían lo mismo y traían un caballo en que fuese; yo di la misma respuesta que primero había dado, diciendo que no dejaría los navíos; mas los pilotos y la gente me rogaron mucho que fuese porque diese priesa que los bastimentos se trujesen lo más presto que pudiese ser porque nos partiésemos luego de allí, donde ellos estaban con gran temor que los navíos se habían de perder si allí estuviesen mucho. Por esta razón yo determiné de ir a la villa, aunque primero que fuese dejé proveído y mandado a los pilotos que si el Sur, con que allí suelen perderse muchas veces los navíos, ventase y se viesen en mucho peligro, diesen con los navíos al través y en parte que se salvase la gente y los caballos. Y con esto yo salí, aunque quise sacar algunos conmigo por ir en mi compañía, los cuales no quisieron salir, diciendo que ha-

26

cía mucha agua y frío y la villa estaba muy lejos; que otro día, que era domingo, saldrían con el ayuda de Dios a oír misa. A una hora después de yo salido la mar comenzó a venir muy brava y el Norte fue tan recio que ni los bateles[3] osaron salir a tierra, ni pudieron dar en ninguna manera con los navíos al través, por ser el viento por la proa, de suerte que con muy gran trabajo, con dos tiempos contrarios y mucha agua que hacía estuvieron aquel día y el domingo hasta la noche. A esta hora el agua y la tempestad comenzó a crescer tanto que no menos tormenta había en el pueblo que en la mar, porque todas las casas e iglesias se cayeron y era necesario que anduviésemos siete u ocho hombres abrazados unos con otros para podernos amparar que el viento no nos llevase, y andando entre los árboles no menos temor teníamos dellos que de las casas, porque como ellos también caían no nos matasen debajo. En esta tempestad y peligro anduvimos toda la noche sin hallar parte ni lugar donde media hora pudiésemos estar seguros. Andando en esto oímos toda la noche, especialmente desde el medio della, mucho estruendo y grande ruido de voces y gran sonido de cascabeles y de flautas y tamborinos y otros instrumentos que duraron hasta la mañana que la tormenta cesó. En estas partes nunca otra cosa tan medrosa se vio; yo hice una probanza[4] dello, cuyo testimonio envié a Vuestra Majestad. El lunes por la mañana bajamos al puerto y no hallamos los navíos: vimos las boyas dellos en el agua, adonde conoscimos ser perdidos, y anduvimos por la costa por ver si hallaríamos alguna cosa dellos, y como ninguno hallásemos metímonos por los montes y andando y andando por ellos un cuarto de legua de agua hallamos la barquilla de un navío, puesta sobre unos árboles, y diez leguas de allí por la costa se hallaron dos personas de mi navío y ciertas tapas de cajas, y las personas tan desfiguradas de los golpes de las peñas, que no se podían conocer; halláronse también una capa y una colcha hecha pedazos, y ninguna otra cosa paresció. Perdiéronse en los navíos sesenta personas y veinte caballos. Los que habían salido a tierra el día

(3) *bateles:* Botes.
(4) *probanza:* Certificación jurídica.

que los navíos allí llegaron, que serían hasta treinta, quedaron de los que en ambos navíos había. Así estuvimos algunos días con mucho trabajo y necesidad, porque la provisión y mantenimientos que el pueblo tenía se perdieron, y algunos ganados; la tierra quedó tal que era gran lástima verla; caídos los árboles, quemados los montes, todos sin hojas ni yerba. Así pasamos hasta cinco días del mes de Noviembre, que llegó el gobernador con sus cuatro navíos, que también habían pasado gran tormenta y también habían escapado por haberse metido con tiempo en parte segura. La gente que en ellos traía y la que allí halló estaban tan atemorizados de lo pasado, que temían mucho tornarse a embarcar en invierno, y rogaron al gobernador que lo pasase allí, y él, vista su voluntad y la de los vecinos, invernó allí. Diome a mí cargo de los navíos y de la gente para que me fuese con ellos a invernar al puerto de Xagua, que es doce leguas de allí, donde estuve hasta veinte días del mes de Febrero.

CAPÍTULO II
Como el gobernador vino al puerto de Xagua y trujo consigo a un piloto.

En este tiempo llegó allí el gobernador con un bergantín que en la Trinidad compró, y traía consigo un piloto que se llamaba Miruelo; habíalo tomado porque decía que sabía y había estado en el río de las Palmas y era muy buen piloto de toda la costa del Norte. Dejaba también comprado otro navío en la costa de La Habana, en el cual quedaba por capitán Alvaro de la Cerda, con cuarenta hombres y doce de caballo, y dos días después que llegó el gobernador se embarcó, y la gente que llevaba eran cuatrocientos hombres y ochenta caballos en cuatro navíos y un bergantín. El piloto que de nuevo habíamos tomado metió los navíos por los bajíos que dicen de Canarreo, de manera que otro día dimos en seco, y ansí estuvimos quince días tocando muchas veces las quillas de los navíos en seco, al cabo de los cuales una tormenta del Sur metió tanta agua en los bajíos que podimos salir, aunque no sin mucho peligro. Partidos de aquí y llegados a Guaniguanico nos tomó otra tormenta que estuvimos a tiempo de perdernos. A cabo de Corrientes tuvimos otra donde estuvimos tres días. Pasados éstos doblamos el cabo de San Antón y anduvimos con tiempo contrario hasta llegar a doce leguas de La Habana, y estando otro día para entrar en ella nos tomó un tiempo de Sur que nos apartó de la tierra y atravesamos por la costa de la Florida y llegamos a la tierra, martes, doce días del mes de Abril, y fuimos costeando la vía de la Florida, y el Jueves Santo surgimos en la misma costa en la boca de una bahía, al cabo de la cual vimos ciertas casas y habitaciones de indios.

CAPÍTULO III
COMO LLEGAMOS A LA FLORIDA.

En este mismo día salió el contador Alonso Enríquez y se puso en una isla que está en la misma bahía y llamó a los indios, los cuales vinieron y estuvieron con él buen pedazo de tiempo, y por vía de rescate le dieron pescado y algunos [1] pedazos de carne de venado. Otro día siguiente, que era Viernes Santo, el gobernador se desembarcó con la más gente que en los bateles que traía pudo sacar, y como llegamos a los buhíos [2] o casas que habíamos visto de los indios, hallámoslas desamparadas y solas, porque la gente se había ido aquella noche en sus canoas. El uno de aquellos buhíos era muy grande, que cabrían en él más de trescientas personas; los otros eran más pequeños, y hallamos allí una sonaja de oro entre las redes. Otro día el gobernador levantó pendones por Vuestra Majestad y tomó la posesión de la tierra en su Real nombre y presentó sus provisiones [3] y fue obedescido por gobernador como Vuestra Majestad lo mandaba. Ansimismo presentamos nosotros las nuestras ante él y él las obedesció como en ellas se contenía. Luego mandó que toda la otra gente desembarcase, y los caballos que habían quedado, que no eran más de cuarenta y dos, porque los demás con las grandes tormentas y mucho tiempo que habían andado por la mar eran muertos, y estos pocos que quedaron estaban tan flacos y fatigados que por el presente poco provecho podimos tener dellos. Otro día los indios de aquel pueblo vinieron a nosotros, y aunque nos hablaron, como nosotros no teníamos lengua[4], no los entendíamos; mas hacíannos muchas señas y amenazas y nos pareció que nos de-

(1) En la edición de Serrano y Sanz, *alguno.*
(2) *buhíos:* Cabañas de madera, ramas y cañas.
(3) *provisiones:* Despachos o mandamientos reales.
(4) *lengua:* Intérprete.

cían que nos fuésemos de la tierra, y con esto nos dejaron sin que nos hiciesen ningún inpedimento y ellos se fueron.

CAPÍTULO IV
COMO ENTRAMOS POR LA TIERRA

Otro día adelante, el gobernador acordó de entrar por la tierra, por descubrirla y ver lo que en ella había. Fuímonos con él el comisario y el veedor y yo, con cuarenta hombres, y entre ellos seis de caballo de los cuales poco nos podíamos aprovechar. Llevamos la vía del Norte hasta que a hora de vísperas llegamos a una bahía muy grande, que nos paresció que entraba mucho por la tierra; quedamos allí aquella noche y otro día nos volvimos donde los navíos y gente estaban. El gobernador mandó que el bergantín fuese costeando la vía de la Florida y buscase el puerto que Miruelo el piloto había dicho que sabía, mas ya él lo había errado y no sabía en qué parte estábamos, ni adónde era el puerto, y fuele mandado al bergantín, que si no lo hallase, travesase[1] a La Habana y buscase el navío que Alvaro de la Cerda tenía, y tomados algunos bastimentos nos viniesen a buscar. Partido el bergantín tornamos a entrar en la tierra los mismo que primero, con alguna gente más, y costeamos la bahía que habíamos hallado, y andadas cuatro leguas tomamos cuatro indios y mostrámosles[2] maíz para ver si lo conoscían, porque hasta entonces no habíamos visto señal dél. Ellos nos dijeron que nos llevarían donde lo había, y así nos llevaron a su pueblo, que es al cabo de la bahía cerca de allí, y en él nos mostraron un poco de maíz que aún no estaba para cogerse. Allí hallamos muchas cajas de mercaderes de Castilla y en cada una dellas estaba un cuerpo de hombre muerto y los cuerpos cubiertos con unos cueros de venados, pintados. Al comisario le paresció que esto era especie de idolatría y quemó las cajas con los cuerpos. Hallamos también pedazos de lienzo y de paño y penachos que parescían de la Nueva España. Ha-

(1) *travesar:* Poner una embarcación en facha, al pairo o a la capa.
(2) En la edición de Serrano y Sanz, *mostrámosle.*

llamos también muestras de oro. Por señas preguntamos a los indios de adónde habían habido aquellas cosas. Señaláronnos que muy lejos de allí había una provincia que se decía Apalache, en la cual había mucho oro, y hacían seña de haber muy gran cantidad de todo lo que nosotros estimamos en algo. Decían que en Apalache había mucho, y tomando aquellos indios por guía partimos de allí y andadas diez o doce leguas hallamos otro pueblo de quince casas, donde había buen pedazo de maíz sembrado que ya estaba para cogerse, y también hallamos alguno que estaba ya seco. Y después de dos días que allí estuvimos nos volvimos donde el contador y la gente y navíos estaban, y contamos al contador y pilotos lo que habíamos visto y las nuevas que los indios nos habían dado; y otro día, que fue primero de Mayo, el gobernador llamó aparte al comisario y al contador y al veedor y a mí y a un marinero que se llamaba Bartolomé Fernández y a un escribano que se decía Jerónimo de Alaniz, y así juntos nos dijo que tenía en voluntad de entrar por la tierra adentro, y los navíos se fuesen costeando hasta que llegasen al puerto, y que los pilotos decían y creían que yendo la vía de Palmas estaban muy cerca de allí, y sobre esto nos rogó le diésemos nuestro parescer. Yo respondía que me parescía que por ninguna manera debía dejar los navíos sin que primero quedasen en puerto seguro y poblado, y que mirase que los pilotos no andaban ciertos, ni se afirmaban en una misma cosa, ni sabían a qué parte estaban, y que allende desto los caballos no estaban para que en ninguna necesidad que se ofresciese nos pudiésemos aprovechar dellos, y que sobre todo esto íbamos mudos y sin lengua, por donde mal nos podíamos entender con los indios, ni saber lo que de la tierra queríamos, y que entrábamos por tierra de que ninguna relación teníamos, ni sabíamos de qué suerte era, ni lo que en ella había, ni de qué gente estaba poblada, ni a qué parte della estábamos, y que sobre todo esto no teníamos bastimentos para entrar adonde no sabíamos. Porque visto lo que en los navíos había no se podía dar a cada hombre de ración para entrar por la tierra más de una libra de bizcocho y otra de tocino, y que mi parescer era que se debía embarcar e ir a buscar puerto y tierra que fuese mejor para poblar, pues lo que habíamos visto en sí era tan despoblada y tan pobre cuanto nunca en aquellas partes se había hallado. Al comisario le paresció todo lo contrario, diciendo que no se había de embarcar, sino que yendo siempre hacia la costa fuesen en busca del puerto, pues los pilotos decían que no estaría sino diez o quince leguas de allí la vía de Pánuco[3], e que no era posible, yendo siempre a la costa, que no topásemos con él, porque decían que entraba doce leguas adentro por la tierra, y que los primeros que lo hallasen esperasen allí a los otros, y que embarcarse era tentar a Dios, pues desque partimos de Castilla tantos trabajos habíamos pasado; tantas tormentas, tantas pérdidas de navíos y de gente habíamos tenido hasta llegar allí; y que por estas razones él se debía de ir por luengo de costa hasta llegar al puerto, y que los otros navíos con la otra gente se irían la misma vía hasta llegar al mismo puerto. A todos los que allí estaban paresció bien que esto se hiciese así, salvo al escribano, que dijo que primero que desamparase los navíos los debía de dejar en puerto conoscido y seguro y en parte que fuese poblada; que esto hecho podría entrar por la tierra adentro y hacer lo que le pareciese. El gobernador siguió su parescer y lo que los otros le aconsejaban; yo, vista su determinación, requeríle de parte de Vuestra Majestad que no dejase lo navíos sin que quedasen en puerto y seguros, y ansí lo pedí por testimonio al escribano que allí teníamos. El respondió que pues él se conformaba con el parescer de los más de los otros oficiales y comisario, que yo no era parte para hacerle estos requerimientos, y pidió al escribano le diese por testimonio cómo por no haber en aquella tierra mantenimientos para poder poblar, ni puerto para los navíos, levantaba el pueblo que allí había asentado e iba con él en busca del puerto y de tierra que fuese mejor. Y luego mandó apercebir la gente que había de ir con él, que se proveyesen de lo que era menester para la jornada. Y después desto proveído, en presencia de los que allí estaban me dijo que pues yo tanto estorbaba y temía la entrada por la tierra, que me quedase y tomase cargo de los navíos y la gente que en ellos quedaba, y poblase si yo lle-

(3) *Pánuco:* Río mexicano que desemboca en Tampico, en el golfo de México.

35

gase primero que él. Yo me excusé desto. Y después de salidos de allí, aquella misma tarde, diciendo que no le parescía que de nadie se podía fiar aquello, me envió a decir que me rogaba que tomase cargo dello. Y viendo que importunándome tanto, yo todavía me excusaba, me preguntó ¿qué era la causa porque huía de aceptallo? A lo cual respondí que yo huía de encargarme de aquello porque tenía por cierto y sabía que él no había de ver más los navíos, ni los navíos a él, y que esto entendía viendo que tan sin aparejo se entraban por la tierra adentro, y que yo quería más aventurarme al peligro que él y los otros se aventuraban, y pasar por lo que él y ellos pasasen, que no encargarme de los navíos y dar ocasión que se dijese que como había contradicho la entrada me quedaba por temor, y mi honra anduviese en disputa, y que yo quería más aventurar la vida que poner mi honra en esta condición. El, viendo que conmigo no aprovechaba, rogó a otros muchos que me hablasen en ello y me lo rogasen, a los cuales respondí lo mismo que a él, y ansí proveyó por su teniente, para que quedase en los navíos, a un alcalde que traía; que se llamaba Caravallo.

CAPÍTULO V
COMO DEJÓ LOS NAVÍOS EL GOBERNADOR.

Sábado, primero de mayo, el mismo día que esto había pasado, mandó dar a cada uno de los que había de ir con él dos libras de bizcocho y media libra de tocino, y ansí nos partimos para entrar en la tierra. La suma de toda la gente que llevábamos eran trescientos hombres; en ellos iba el comisario fray Juan Suárez y otro fraile que se decía fray Juan de Palos y tres clérigos y los oficiales. La gente de caballo que con éstos íbamos éramos cuarenta de caballo, y ansí anduvimos con aquel bastimento que llevábamos quince días, sin hallar otra cosa que comer, salvo palmitos de la manera de los del Andalucía. En todo este tiempo no hallamos indio ninguno, ni vimos casa ni poblado, y al cabo llegamos a un río que lo pasamos con muy gran trabajo a nado y en balsas; detuvímonos un día en pasarlo, que traía muy gran corriente. Pasados a la otra parte salieron a nosotros hasta doscientos indios, poco más o menos; el gobernador salió a ellos y después de haberlos hablado por señas ellos nos señalaron de suerte que nos hobimos de revolver con ellos y prendimos cinco o seis, y éstos nos llevaron a sus casas, que estaban hasta media legua de allí, en las cuales hallamos gran cantidad de maíz que estaba ya para cogerse, y dimos infinitas gracias a Nuestro Señor por habernos socorrido en tan gran necesidad, porque ciertamente, como éramos nuevos en los trabajos, allende del cansancio que traíamos, veníamos muy fatigados de hambre; y a tercero día que allí llegamos nos juntamos el contador y veedor y comisario y yo, y rogamos al gobernador que enviase a buscar la mar por ver si hallaríamos puerto, porque los indios decían que la mar no estaba muy lejos de allí. El nos respondió que no curásemos[1] de hablar en aquello, porque estaba muy lejos de allí. Y como yo era

(1) *curar:* Poner cuidado, preocuparse.

37

el que más le importunaba, díjome que me fuese yo a descubrirla y que buscase puerto, y que había de ir a pie con cuarenta hombres, y ansí, otro día yo me partí con el capitán Alonso del Castillo y con cuarenta hombres de su compañía, y así anduvimos hasta hora de medio día, que llegamos a unos placeles[2] de la mar que parecía que entraban mucho por la tierra; anduvimos por ellos hasta legua y media con el agua hasta la mitad de la pierna, pisando por encima de ostiones[3], de los cuales rescebimos muchas cuchilladas en los pies y nos fueron causa de mucho trabajo, hasta que llegamos en el río que primero habíamos atravesado, que entraba por aquel mismo ancón[4]. Y como no lo podimos pasar por el mal aparejo que para ello teníamos, volvimos al real[5] y contamos al gobernador lo que habíamos hallado y cómo era menester otra vez pasar por el río por el mismo lugar que primero lo habíamos pasado, para que aquel ancón se descubriese bien y viésemos si por allí había puerto; y otro día mandó a un capitán que se llamaba Valenzuela, que con sesenta hombres y seis de caballo pasase el río y fuese por él abajo hasta llegar a la mar y buscar si había puerto, el cual, después de dos días que allá estuvo, volvió y dijo que él había descubierto el ancón y que todo era bahía baja hasta la rodilla y que no se hallaba puerto, y que había visto cinco o seis canoas de indios que pasaban de una parte a otra y que llevaban puestos muchos penachos. Sabido esto, otro día partimos de allí, yendo siempre en demanda de aquella provincia que los indios nos habían dicho Apalache, llevando por guía a los que dellos habíamos tomado, y así anduvimos hasta diez y siete de Junio, que no hallamos indios que nos osasen esperar. Y allí salió a nosotros un señor que le traía un indio a cuestas, cubierto de un cuero de venado, pintado; traía consigo mucha gente, y delante dél venían tañendo unas flautas de caña, y así llegó do estaba el gobernador y estuvo una hora con él y por señas le dimos a entender que íbamos a Apalache, y por las que él hizo nos paresció que era enemigo de los

(2) *placeles:* Placeres, bancos de arena en el fondo del mar.
(3) *ostiones:* Especie de ostras, mayores y más bastas que las comunes.
(4) *ancón:* Ensenada pequeña en que se puede fondear.
(5) *real:* Campamento militar.

de Apalache y que nos iría a ayudar contra él. Nosotros le dimos cuentas y cascabeles y otros rescates, y él dio al gobernador el cuero que traía cubierto, y así se volvió y nosotros le fuimos siguiendo por la vía que él iba. Aquella noche llegamos a un río, el cual era muy hondo y muy ancho y la corriente muy recia, y por no atrevernos a pasar con balsas hecimos una canoa para ello, y estuvimos en pasarlo un día, y si los indios nos quisieran ofender[6], bien nos pudieran estorbar el paso, y aún con ayudarnos ellos tuvimos mucho trabajo. Uno de caballo, que se decía Juan Velázquez, natural de Cuéllar, por no esperar entró en el río y la corriente, como era recia, lo derribó del caballo y se asió a las riendas y ahogó a sí y al caballo, y aquellos indios de aquel señor, que se llamaba Dulchanchellín, hallaron el caballo y nos dijeron dónde hallaríamos a él por el río abajo, y así fueron por él, y su muerte nos dio mucha pena porque hasta entonces ninguno nos había faltado. El caballo dio de cenar a muchos aquella noche. Pasados de allí, otro día llegamos al pueblo de aquel señor y allí nos envió maíz. Aquella noche, donde iban a tomar agua nos flecharon un cristiano y Dios quiso que no lo hirieron; otro día nos partimos de allí sin que indio ninguno de los naturales paresciese, porque todos habían huído; más yendo nuestro camino parescieron indios, los cuales venían de guerra y aunque nosotros los llamamos no quisieron volver ni esperar, mas antes se retiraron siguiéndonos por el mismo camino que llevábamos. El gobernador dejó una celada de algunos de caballo en el camino, que como pasaron salieron a ellos y tomaron tres o cuatro indios, y éstos llevamos por guías de allí adelante, los cuales nos llevaron por tierra muy trabajosa de andar y maravillosa de ver, porque en ella hay muy grandes montes y los árboles a maravilla altos, y son tantos los que están caídos en el suelo, que nos embarazaban en el camino de suerte que no podíamos pasar sin rodear mucho y con muy gran trabajo; de los que no estaban caídos, muchos estaban hendidos desde arriba hasta abajo, de rayos que en aquella tierra caen, donde siempre hay muy grandes tormentas y tempestades. Con este trabajo caminamos hasta un

[6] *ofender:* Atacar.

día después de San Juan, que llegamos a vista de Apalache sin que los indios de la tierra nos sintiesen; dimos muchas gracias a Dios por vernos tan cerca dél, creyendo que era verdad lo que de aquella tierra nos habían dicho, que allí se acabarían los grandes trabajos que habíamos pasado, así por el malo y largo camino para andar, como por la mucha hambre que habíamos padescido, porque aunque algunas veces hallábamos maíz, las más andábamos siete e ocho leguas sin toparlo, y muchos había entre nosotros que allende del mucho cansancio y hambre, llevaban hechas llagas en las espaldas, de llevar las armas a cuestas, sin otras cosas que se ofrescían. Mas con vernos llegados donde deseábamos y donde tanto mantenimiento y oro nos habían dicho que había, paresciónos que se nos había quitado gran parte del trabajo y cansancio.

CAPÍTULO VI
COMO LLEGAMOS A APALACHE

Llegados que fuimos a la vista de Apalache, el gobernador mandó que yo tomase nueve de caballo y cincuenta peones y entrase en el pueblo, y ansí lo acometimos el veedor y yo, y entrados no hallamos sino mujeres y muchachos, que los hombres a la sazón no estaban en el pueblo, mas de ahí a poco, andando nosotros por él, acudieron y comenzaron a pelear flechándonos y mataron el caballo del veedor, mas al fin huyeron y nos dejaron. Allí hallamos mucha cantidad de maíz que estaba para cogerse, y mucho seco que tenían encerrado. Hallámosles muchos cueros de venados, y entre ellos algunas mantas de hilo, pequeñas y no buenas, con que las mujeres cubren algo de sus personas. Tenían muchos vasos para moler maíz. En el pueblo había cuarenta casas pequeñas y edificadas bajas y en lugares abrigados, por el temor de las grandes tempestades que continuamente en aquella tierra suelen haber. El edificio es de paja y están cercados de muy espeso monte y grandes arboledas y muchos piélagos[1] de agua, donde hay tantos y tan grandes árboles caídos que embarazan y son causa que no se puede por allí andar sin mucho trabajo y peligro.

(1) *piélagos:* Balsas, estanques.

CAPÍTULO VII
DE LA MANERA QUE ES LA TIERRA

La tierra, por la mayor parte, desde donde desembarcamos hasta este pueblo y tierra de Apalache, es llana; el suelo de arena y tierra firme; por toda ella hay muy grandes árboles y montes claros, donde hay nogales y laureles y otros que se llaman liquidámbares, cedros, sabinas y encinas y pinos y robles, palmitos bajos de la manera de los de Castilla. Por toda ella hay muchas lagunas grandes y pequeñas, algunas muy trabajosas de pasar, parte por la mucha hondura, parte por tantos árboles como por ellas están caidos. El suelo dellas es arena y las que en la comarca de Apalache hallamos son muy mayores que las de hasta allí. Hay en esta provincia muchos maizales, y las casas están tan esparcidas por el campo de la manera que están las de los Gelves. Los animales que en ellas vimos son venados de tres maneras, conejos y liebres, osos y leones y otras salvajinas, entre los cuales vimos un animal que trae los hijos en una bolsa que en la barriga tiene y todo el tiempo que son pequeños los traen allí hasta que saben buscar de comer, y si acaso están fuera buscando de comer y acude gente, la madre no huye hasta que los ha recogido en su bolsa[1]. Por allí la tierra es muy fría; tiene muy buenos pastos para ganados; hay aves de muchas maneras; ánsares en gran cantidad, patos, ánades, patos reales, dorales y garzotas y garzas, perdices; vimos muchos halcones, neblís, gavilanes, esmerejones y otras muchas aves. Dos horas después que llegamos a Apalache, los indios que de allí habían huido vinieron a nosotros de paz, pidiéndonos a sus mujeres e hijos, y nosotros se los dimos, salvo que el gobernador detuvo un cacique dellos consigo, que fue causa por donde ellos fueron escandalizados y luego otro día volvieron de gue-

---

[1] Se trata de la zarigüeya, mamífero arborícola de América, del tamaño de un gato, que enseguida llamó la atención de los españoles.

rra y con tanto denuedo y presteza nos acometieron que llegaron a nos poner fuego a las casas en que estábamos; mas como salimos, huyeron y acogiéronse a las lagunas que tenían muy cerca, y por esto y por los grandes maizales que había no les podimos hacer daño, salvo a uno que matamos. Otro día siguiente, otros indios de otro pueblo que estaba de la otra parte vinieron a nosotros y acometiéronnos de la mesma arte que los primeros, y de la mesma manera se escaparon y también murió uno dellos. Estuvimos en este pueblo veinte y cinco días, en que hecimos tres entradas por tierra y hallámosla muy pobre de gente y muy mala de andar por los malos pasos y montes y lagunas que tenía. Preguntamos al cacique que les habíamos detenido y a los otros indios que traíamos con nosotros, que eran vecinos y enemigos dellos, por la manera y población de la tierra y la calidad de la gente y por los bastimentos y todas las otras cosas della. Respondiéronnos cada uno por sí, que el mayor pueblo de toda aquella tierra era aquel Apalache, y que adelante había menos gente y muy más pobre que ellos, y que la tierra era mal poblada y que los moradores della muy repartidos, y que yendo adelante había grandes lagunas y espesura de montes grandes desiertos y despoblados. Preguntámosle luego por la tierra que estaba hacia el Sur, ¿qué pueblos y mantenimientos tenía? Dijeron que por aquella vía, yendo a la mar, nueve jornadas había un pueblo que llamaban Aute, y los indios dél tenían mucho maíz y que tenían frísoles[2] y calabazas, y por estar tan cerca de la mar alcanzaban pescados, y que éstos eran amigos suyos. Nosotros, vista la pobreza de la tierra y las malas nuevas que de la población y de todo lo demás nos daban, y como los indios nos hacían continua guerra hiriéndonos a la gente y los caballos en los lugares donde íbamos a tomar agua, y esto desde las lagunas y tan a su salvo que no los podíamos ofender, porque metidos en ellas nos flechaban y mataron un señor de Tescuco que se llamaba don Pedro, que el comisario llevaba consigo, acordamos de partir de allí e ir a buscar la mar y aquel pueblo de Aute que nos habían dicho, y así nos partimos a cabo de veinte y cinco días que allí había-

(2) *frísoles:* Judías.

44

mos llegado. El primero día pasamos aquellas lagunas y pasos sin ver indio ninguno; mas al segundo día llegamos a una laguna de muy mal paso, porque daba el agua a los pechos y había en ella muchos árboles caídos. Ya que estábamos en medio della nos acometieron muchos indios que estaban abscondidos detrás de los árboles porque no los viésemos; otros estaban sobre los caídos, y comenzáronnos a flechar de manera que nos hirieron muchos hombres y caballos y nos tomaron la guía que llevábamos, antes de que la laguna saliésemos; y después de salidos della nos tornaron a seguir queriéndonos estorbar el paso, de manera que no nos aprovechaba salirnos afuera, ni hacernos más fuertes y querer pelear con ellos, y se metían luego en la laguna y desde allí nos herían la gente y caballos. Visto esto, el gobernador mandó a los de caballo que se apeasen y les acometiesen a pie. El contador se apeó con ellos y así los acometieron y todos entraron a vueltas en una laguna y así ganamos el paso. En esta revuelta hubo algunos de los nuestros heridos, que no les valieron buenas armas que llevaban, y hubo hombres que este día que juraron que habían visto dos robles, cada uno dellos tan grueso como la pierna por bajo, pasados de parte a parte de las flechas de los indios, y esto no es tanto de maravillar vista la fuerza y la maña con que las echan, porque yo mismo vi una flecha en un pie de un álamo, que entraba por él un jeme[3]. Cuantos indios vimos desde la Florida aquí, todos son flecheros, y como son tan crecidos de cuerpo y andan desnudos, desde lejos parescen gigantes[4]. Es gente a maravilla bien dispuesta, muy enjutos y de muy grandes fuerzas y ligereza. Los arcos que usan son gruesos como el brazo, de once o doce palmos de largo, que flechan a doscientos pasos con gran tiento que ninguna cosa yerran. Pasados que fuimos deste paso, de ahí a una legua llegamos a otra de la misma manera, salvo que por ser tan larga que duraba media legua era muy peor; éste pasamos libremente y sin estorbo de indios, que como habían gastado en el primero toda la munición que de flechas tenían, no quedó con qué osarnos acometer. Otro día siguiente, pasan-

(3) *jeme:* Medida de longitud. Distancia desde la extremidad del pulgar al índice.
(4) Se trata de los semínolas.

45

do otro semejante paso, yo hallé rastro de gente que iba delante y di aviso dello al gobernador, que venía a la retaguarda, y ansí, aunque los indios salieron a nosotros, como íbamos apercebidos no nos pudieron ofender, y salidos a lo llano fuéronnos todavía siguiendo; volvimos a ellos por dos partes y matámosles dos indios e hiriéronme a mí y dos o tres cristianos, y por acogérsenos al monte no les podimos hacer más mal ni daño. Desta suerte caminamos ocho días y desde este paso que he contado no salieron más indios a nosotros, hasta una legua adelante, que es lugar donde he dicho que íbamos. Allí, yendo nosotros por nuestro camino, salieron indios y sin ser sentidos dieron en la retaguarda, y a los gritos que dio un muchacho de un hidalgo de los que allí iban, que se llamaba Avellaneda, el Avellaneda volvió y se fue a socorrerlos y los indios le acertaron con una flecha por el canto de las corazas, y le fue tal la herida que pasó casi toda la flecha por el pescuezo y luego allí murió y lo llevamos hasta Aute. En nueve días de camino desde Apalache hasta allí, llegamos, y cuando fuimos llegados hallamos toda la gente dél, ida, y las casas quemadas, mucho maíz y calabazas y frísoles que ya todo estaba para empezarse a coger. Descansamos allí dos días y estos pasados el gobernador me rogó que fuese a descubrir la mar, pues los indios decían que estaba tan cerca de allí; ya en este camino la habíamos descubierto por un río muy grande que en él hallamos, a quien habíamos puesto por nombre el río de la Magdalena. Visto esto, otro día siguiente yo me partí a descubrirla, juntamente con el comisario y el capitán Castillo y Andrés Dorantes y otros siete de caballo y cincuenta peones, y caminamos hasta hora de vísperas que llegamos a un ancón o entrada de la mar, donde hallamos muchos ostiones con que la gente holgó[5] y dimos muchas gracias a Dios por habernos traido allí. Otro día, de mañana, envié veinte hombres a que conosciesen la costa y mirasen la disposición della, los cuales volvieron otro día en la noche diciendo que aquellos ancones y bahías eran muy grandes y entraban tanto por la tierra adentro que estorbaban mucho para descubrir lo que queríamos, y que la costa estaba muy

(5) *holgar:* Alegrarse.

lejos de allí. Sabidas estas nuevas y vista la mala disposición y aparejo que para descubrir la costa por allí había, yo me volví al gobernador y cuando llegamos hallámosle enfermo con otros muchos, y la noche pasada los indios habían dado en ellos y puéstolos en grandísimo trabajo por la razón de la enfermedad que les había sobrevenido; también les habían muerto un caballo. Yo di cuenta de lo que había hecho y de la mala dispusición de la tierra. Aquel día nos detuvimos allí.

CAPÍTULO VIII
COMO PARTIMOS DE AUTE

Otro día siguiente partimos de Aute y caminamos todo el día hasta llegar donde yo había estado. Fue el camino en extremo trabajoso, porque ni los caballos bastaban a llevar los enfermos, ni sabíamos qué remedio poner, porque cada día adolescían, que fue cosa de muy gran lástima y dolor ver la necesidad y trabajo en que estábamos. Llegados que fuimos, visto el poco remedio que para ir adelante había, porque no había dónde, ni aunque lo hobiera la gente pudiera pasar adelante, por estar los más enfermos y tales que pocos había de quien se pudiese haber algún provecho. Dejo aquí de contar esto más largo, porque cada uno puede pensar lo que se pasaría en tierra tan extraña y tan mala y tan sin ningún remedio de ninguna cosa, ni para estar, ni para salir della; mas como el más cierto remedio sea Dios nuestro Señor, y deste nunca desconfiamos, suscedió otra cosa que agravaba más que todo esto, que entre la gente de caballo se comenzó la mayor parte dellos a ir secretamente, pensando hallar ellos por sí remedio y desamparar al gobernador y a los enfermos, los cuales estaban sin algunas fuerzas y poder. Mas como entre ellos había muchos hijosdalgo y hombres de buena suerte, no quisieron que esto pasase sin dar parte al gobernador y a los oficiales de Vuestra Majestad, y como les afeamos su propósito y les pusimos delante el tiempo en que desamparaban a su capitán, y los que estaban enfermos y sin poder y apartarse, sobre todo, del servicio de Vuestra Majestad, acordaron de quedar y que lo que fuese de uno fuese de todos, sin que ninguno desamparase a otro. Visto esto por el gobernador, los llamó a todos y a cada uno por sí, pidiendo parescer de tan mala tierra, para poder salir della y buscar algún remedio, pues allí no lo había, estando la tercia parte de la gente con gran enfermedad y cresciendo esto cada hora, que teníamos por cierto todos lo estaríamos así, de donde no se podía seguir sino la muerte, que por ser en tal parte se nos hacía más grave; y vistos éstos y otros muchos inconvenientes, y tentados muchos remedios, acordamos en uno, harto difícil de poner en obra, que era hacer navíos en que nos fuésemos. A todos parescía imposible, porque nosotros no los sabíamos hacer, ni había herramientas, ni hierro, ni fragua, ni estopa, ni pez, ni jarcias; finalmente, ni cosa ninguna de tantas como son menester, ni quien supiese nada para dar industria de ello, y sobre todo no haber qué comer entre tanto que se hiciesen, y los que habían de trabajar, del arte que habíamos dicho. Y considerando todo esto acordamos de pensar en ello más de espacio, y cesó la plática aquel día y cada uno se fue encomendándolo a Dios Nuestro Señor que lo encaminase por donde El fuese más servido. Otro día quiso Dios que uno de la compañía vino diciendo que él haría unos cañones de palo, y con unos cueros de venado se harían unos fuelles, y como estábamos en tiempo que cualquiera cosa que tuviese alguna sobrehaz[1] de remedio nos parescía bien, dijimos que se pusiese por obra, y acordamos de hacer de los estribos y espuelas y ballestas y de las otras cosas de hierro que había, los clavos y sierras y hachas y otras herramientas de que tanta necesidad había para ello, y dimos por remedio que para haber algún mantenimiento en el tiempo que esto se hiciese, se hiciesen cuatro entradas en Aute con todos los caballos y gente que pudiesen ir, y que a tercero día se matase un caballo, el qual se repartiese entre los que trabajaban en la obra de las barcas y los que estaban enfermos; las entradas se hicieron con la gente y caballos que fue posible y en ellas se trajeron hasta cuatrocientas hanegas de maíz, aunque no sin contiendas y pendencias con los indios. Hecimos coger muchos palmitos para aprovecharnos de la lana y cobertura dellos, torciéndola y aderezándola para usar en lugar de estopa para las barcas, las cuales se comenzaron a hacer con un solo carpintero que en la compañía había, y tanta diligencia pusimos que comenzándolas a cuatro días de Agosto, a veinte días del mes de Setiembre eran acabadas cinco barcas de a veinte y dos

(1) *sobrehaz:* Apariencia.

codos cada una, calefeteadas con las estopas de los palmitos, y breámoslas con cierta pez de alquitrán que hizo un griego llamado don Teodoro, de unos pinos, y de la misma ropa de los palmitos y de las colas y crines de los caballos hecimos cuerdas y jarcias, y de las nuestras camisas, velas, y de las sabinas que allí había hecimos los remos que nos paresció que era menester. Y tal era la tierra en que nuestros pecados nos habían puesto, que con muy gran trabajo podíamos hallar piedras para lastre y anclas de las barcas, ni en toda ella habíamos visto ninguna. Desollamos tambien las piernas de los caballos, enteras, y curtimos los cueros dellas para hacer botas en que llevásemos agua. En este tiempo algunos andaban cogiendo marisco por los rincones y entradas de la mar, en que los indios, en dos veces que dieron en ellos, nos mataron diez hombres a vista del real, sin que los pudiésemos socorrer, los cuales hallamos de parte a parte pasados con flechas, que aunque algunos tenían buenas armas no bastaron a resistir para que esto no se hiciese, por flechar con tanta destreza y fuerza como arriba he dicho. Y a dicho y juramento de nuestros pilotos, desde la bahía que pusimos nombre de la Cruz, hasta aquí, anduvimos doscientas y ochenta leguas, poco mas o menos; en toda esta tierra no vimos sierra, ni tuvimos noticia della en ninguna manera; y antes que nos embarcásemos, sin los que los indios nos mataron se murieron mas de cuarenta hombres de enfermedad y hambre. A veinte y dos días del mes de Setiembre se acabaron de comer los caballos, que sólo uno quedó, y este día nos embarcamos por esta orden. Que en la barca del gobernador iban cuarenta y nueve hombres. En otra, que dio al contador y comisario, iban otros tantos. La tercera dio al capitán Alonso del Castillo y Andrés Dorantes, con cuarenta y ocho hombres, y otra dio a dos capitanes que se llamaban Téllez y Peñalosa, con cuarenta y siete hombres. La otra dio al veedor y a mí, con cuarenta y nueve hombres; y después de embarcados los bastimentos y ropa no quedó a las barcas más de un jeme de bordo fuera del agua, y allende desto íbamos tan apretados que no nos podíamos menear, y tanto puede la necesidad que nos hizo aventurar a ir desta manera y meternos en una mar tan trabajosa y sin

tener noticias de la arte del marear ninguno de los que allí
iban.

CAPÍTULO IX
COMO PARTIMOS DE BAHÍA DE CABALLOS

Aquella bahía de donde partimos ha por nombre la bahía de Caballos, y anduvimos siete días por aquellos ancones, entrados en el agua hasta la cinta, sin señal de ver ninguna cosa de costa, y al cabo dellos llegamos a una isla que estaba cerca de la tierra. Mi barca iba delante, y della vimos venir cinco canoas de indios, los cuales las desampararon y nos las dejaron en las manos, viendo que íbamos a ellas; las otras barcas pasaron adelante y dieron en unas casas de la misma isla, donde hallamos muchas lizas[1] y huevos dellas, que estaban secas, que fue muy gran remedio para la necesidad que llevábamos. Después de tomadas pasamos adelante y dos leguas de allí pasamos un estrecho que la isla con la tierra hacía, al cual llamamos de San Miguel por haber salido en su día por él, y salidos llegamos a la costa, donde con las cinco canoas que yo había tomado a los indios remediamos algo de las barcas, haciendo falcas dellas y añadiéndolas de manera que subieron dos palmos de bordo sobre el agua. Y con esto tornamos a caminar por luengo de costa la vía del río de Palmas, cresciendo cada día la sed y la hambre, porque los bastimentos eran muy pocos e iban muy al cabo, y el agua se nos acabó porque las botas que hecimos de las piernas de los caballos luego fueron podridas y sin ningún provecho; algunas veces entramos por ancones y bahías que entraban mucho por la tierra adentro; todas las hallamos bajas y peligrosas. Y ansí anduvimos por ellas treinta días, donde algunas veces hallábamos indios pescadores, gente pobre y miserable. Al cabo ya destos treinta días, que la necesidad del agua era en extremo, yendo cerca de costa, una noche sentimos venir una canoa, y como la vimos esperamos que llegase, y ella no quiso hacer cara y aunque la llamamos no quiso volver ni

(1) *liza:* mújol, pez

aguardarnos, y por ser de noche no la seguimos y fuímonos nuestra vía; cuando amanesció vimos una isla pequeña y fuimos a ella por ver si hallaríamos agua, mas nuestro trabajo fue en balde, porque no la había. Estando allí surtos nos tomó una tormenta muy grande, por que nos detuvimos seis días sin que osásemos salir a la mar, y como había cinco días que no bebíamos, la sed fue tanta que nos puso en necesidad de beber agua salada y algunos se desatentaron tanto en ello que súpitamente se nos murieron cinco hombres. Cuento esto así brevemente porque no creo que hay necesidad de particularmente contar las miserias y trabajos en que nos vimos, pues considerando el lugar donde estábamos y la poca esperanza de remedio que teníamos, cada uno puede pensar mucho de lo que allí pasaría, y como vimos que la sed crescía y el agua nos mataba, aunque la tormenta no era cesada acordamos de encomendarnos a Dios Nuestro Señor y aventurarnos antes al peligro de la mar, que esperar la certinidad de la muerte que la sed nos daba, y así salimos la vía donde habíamos visto la canoa la noche que por allí veníamos. Y en este día nos vimos muchas veces anegados y tan perdidos que ninguno hubo que no tuviese por cierta la muerte. Plugo a Nuestro Señor, que en las mayores necesidades suele mostrar su favor, que a puesta del sol volvimos una punta que la tierra hace, adonde hallamos mucha bonanza y abrigo. Salieron a nosotros muchas canoas y los indios que en ellas venían nos hablaron y sin querernos aguardar se volvieron. Era gente grande y bien dispuesta y no traían flechas, ni arcos. Nosotros les fuimos siguiendo hasta sus casas, que estaban cerca de allí a la lengua del agua, y saltamos en tierra y adelante de las casas hallamos muchos cántaros de agua y mucha cantidad de pescado guisado, y el señor de aquellas tierras ofresció todo aquello al gobernador y tomándolo consigo lo llevó a su casa. Las casas destos eran de esteras, que a lo que paresció eran estantes; y después que entramos en casa del cacique nos dio mucho pescado, y nosotros le dimos del maíz que traíamos y lo comieron en nuestra presencia y nos pidieron más y se lo dimos, y el gobernador le dio muchos rescates; el cual, estando con el cacique en su casa, a media hora de la noche súpitamente los indios dieron en nosotros y en los que estaban muy malos, echados en la costa, y acometieron también la casa del cacique donde el gobernador estaba y lo hirieron de una piedra en el rostro. Los que allí se hallaron prendieron al cacique, mas como los suyos estaban tan cerca soltóseles y dejóles en las manos una manta de martas cebelinas, que son las mejores que creo yo que en el mundo se podrían hallar y tienen un olor que no paresce sino de ámbar y almizcle, y alcanza tan lejos, que de mucha cantidad se siente; otras vimos allí, mas ningunas eran tales como éstas. Los que allí se hallaron, viendo al gobernador herido lo metimos en la barca e hecimos que con él se recogiese toda la más gente a sus barcas y quedamos hasta cincuenta en tierra para contra los indios, que nos acometieron tres veces aquella noche y con tanto ímpetu que cada vez nos hacían retraer más de un tiro de piedra; ninguno hubo de nosotros que no quedase herido, e yo lo fui en la cara, y si como se hallaron pocas flechas, estuvieran más proveídos dellas, sin duda nos hicieran mucho daño. La última vez se pusieron en celada los capitanes Dorantes y Peñalosa y Téllez con quince hombres, y dieron en ellos por las espaldas y de tal manera les hicieron huir que nos dejaron. Otro día, de mañana, yo les rompí más de treinta canoas, que nos aprovecharon para un norte que hacía, que por todo el día hubimos de estar allí con mucho frío, sin osar entrar en la mar por la mucha tormenta que en ella había. Esto pasado nos tornamos a embarcar y navegamos tres días, y como habíamos tomado poca agua y los vasos que teníamos para llevar, asimesmo eran muy pocos, tornamos a caer en la primera necesidad, y siguiendo nuestra vía entramos por un estero[2] y estando en él vimos venir una canoa de indios; como los llamamos vinieron a nosotros, y el gobernador, a cuya barca habían llegado, pidióles agua, y ellos la ofrescieron con que les diesen en qué la trajesen, y un cristiano griego llamado Doroteo Teodoro, de quien arriba se hizo mención, dijo que quería ir con ellos; el gobernador y otros se lo procuraron estorbar mucho y nunca lo pudieron, sino que en todo caso quería ir con ellos, y así se fue y llevó consigo un ne-

(2) *estero:* Terreno inmediato a la orilla de una ría.

gro, y los indios dejaron en rehenes dos de su compañía, y a la noche los indios volvieron y trajéronnos nuestros vasos sin agua, y no trajeron los cristianos que habíamos llevado, y los que habían dejado por rehenes, como los otros los hablaron, quisiéronse echar al agua. Mas los que en la barca estaban los detuvieron y ansí se fueron huyendo los indios de la canoa y nos dejaron muy confusos y tristes por haber perdido aquellos dos cristianos.

CAPÍTULO X
DE LA REFRIEGA QUE NOS DIERON LOS INDIOS

Venida la mañana vinieron a nosotros muchas canoas de indios, pidiéndonos los dos compañeros que en la barca habían quedado por rehenes. El gobernador dijo que se los daría con que trajesen los dos cristianos que habían llevado. Con esta gente venían cinco o seis señores y nos paresció ser la gente más bien dispuesta y de más autoridad y concierto que hasta allí habíamos visto, aunque no tan grandes como los otros de quien habemos contado. Traían los cabellos sueltos y muy largos, y cubiertos con mantas de martas de la suerte de las que atrás habíamos tomado, y algunas dellas hechas por muy extraña manera, porque en ellas había unos lazos de labores de unas pieles leonadas que parescían muy bien. Rogábannos que nos fuésemos con ellos y que nos darían los cristianos y agua y otras muchas cosas, y contino acudían sobre nosotros muchas canoas procurando de tomar la boca de aquella entrada, y así por esto como porque la tierra era muy peligrosa para estar en ella, nos salimos a la mar, donde estuvimos hasta medio día con ellos. Y como no nos quisiesen dar los cristianos, y por este respecto nosotros no les diésemos los indios, comenzáronnos a tirar piedras con hondas, y varas, con muestras de flecharnos, aunque en todos ellos no vimos sino tres o cuatro arcos. Estando en esta contienda el viento refrescó y ellos se volvieron y nos dejaron, y así nevegamos aquel día hasta hora de vísperas que mi barca, que iba delante, descubrió una punta que la tierra hacía, y del otro cabo se vía un río muy grande y en una isleta que hacía la punta hice yo surgir por esperar las otras barcas. El gobernador no quiso llegar, antes se metió por una bahía muy cerca de allí en que había muchas isletas, y allí nos juntamos y desde la mar tomamos agua dulce, porque el río entraba en la mar de avenida. Y por tostar algún maíz de lo que traíamos, porque ya había dos días que lo comíamos crudo, saltamos en aquella isla; mas como no hallamos leña acordamos de ir al río que estaba detrás de la punta, una legua de allí, y yendo era tanta la corriente que no nos dejaba en ninguna manera llegar antes nos apartaba de la tierra, y nosotros trabajando y porfiando por tomarla. El norte que venía de la tierra comenzó a crescer tanto que nos metió en la mar sin que nosotros pudiésemos tomar hondo, y no podíamos entender si la corriente era causa que no lo pudiésemos tomar, y así navegamos dos días, todavía trabajando por tomar tierra, y al cabo dellos, un poco antes que el sol saliese, vimos muchos humeros por la costa y trabajando por llegar allá nos hallamos en tres brazas de agua, y por ser la noche no osamos tomar tierra, porque como habíamos visto tantos humeros, creíamos que se nos podía recrescer algún peligro, sin nosotros poder ver, por la mucha obscuridad, lo que habíamos de hacer. Y por esto determinamos de esperar a la mañana, y como amanesció, cada barca se halló por sí perdida de las otras. Yo me hallé en treinta brazas, y siguiendo mi viaje, a hora de vísperas vi dos barcas y como fui a ellas vi que la primera a que llegué era la del gobernador, el cual me preguntó qué me parecía que debíamos hacer. Yo le dije que debía recobrar aquella barca que iba delante y que en ninguna manera la dejase, y que juntas todas tres barcas siguiésemos nuestro camino donde Dios nos quisiese llevar. Él me respondió que aquello no se podía hacer porque la barca iba muy metida en la mar y él quería tomar la tierra, y que si la quería yo seguir, que hiciese que los de mi barca tomasen los remos y trabajasen, porque con fuerza de brazos se habían de tomar la tierra; y esto le aconsejaba un capitán que consigo llevaba, que se llamaba Pantoja, diciéndole que si aquel día no tomaba la tierra, que en otros seis no la tomaría, y en este tiempo era necesario morir de hambre. Yo, vista su voluntad, tomé mi remo, y lo mismo hicieron todos los que en mi barca estaban para ello, y bogamos hasta casi puesto el sol, mas como el gobernador llevaba la más sana y recia gente que entre toda había, en ninguna manera lo podimos seguir, ni tener con ella. Yo, como vi esto, pedíle que para poderle seguir me diese un cabo de su barca, y él me respondió que no harían ellos poco si solos aquella noche pudiesen llegar a tierra. Yo le dije que pues vía la poca posibilidad que en nosotros había para poder seguirle y hacer lo que había mandado, que me dijese qué era lo que mandaba que yo hiciese. Él me respondió que ya no era tiempo de mandar unos a otros; que cada uno hiciese lo que mejor le paresciese que era para salvar la vida, que él ansí lo entendía de hacer. Y diciendo esto se alargó con su barca y como no le pude seguir arribé sobre la otra barca que iba metida en la mar, la cual me esperó y llegado a ella hallé que era la que llevaban los capitanes Peñalosa y Téllez. Y ansí navegamos cuatro días en compañía, comiendo por tasa cada día medio puño de maíz crudo. A cabo destos cuatro días nos tomó una tormenta que hizo perder la otra barca y por gran misericordia que Dios tuvo de nosotros no nos hundimos del todo, según el tiempo hacía, y con ser invierno y el frío muy grande y tantos días que padescíamos hambre, con los golpes que de la mar habíamos rescebido, otro día la gente comenzó mucho a desmayar, de tal manera que cuando el sol se puso todos los que en mi barca venían estaban caídos en ella, unos sobre otros, tan cerca de la muerte que pocos había que tuviesen sentido, y entre todos ellos a esta hora no había cinco hombres en pie. Y cuando vino la noche no quedamos sino el maestre e yo que pudiésemos marear la barca, y a dos horas de la noche el maestre me dijo que yo tuviese cargo della, porque él estaba tal que creía aquella noche morir. Y así yo tomé el leme[1] y pasadas media noche yo llegué por ver si era muerto el maestre, y él me respondió que él antes estaba mejor y que él gobernaría hasta el día. Yo, cierto, aquella hora de muy mejor voluntad tomara la muerte que no ver tanta gente delante de mí de tal manera. Y después que el maestre tomó cargo de la barca yo reposé un poco muy sin reposo, ni había cosa más lejos de mí entonces que el sueño. Ya cerca del alba parecióme que oía el tumbo de la mar, porque como la costa era baja sonaba mucho, y con este sobresalto llamé al maestre, el cual me respondió que creía que eramos cerca de tierra, y tentamos y ha-

(1) *leme:* Timón.

llámosnos en siete brazas y parescióle que nos debíamos tener a la mar hasta que amanesciese. Y así yo tomé un remo y bogué de la banda de la tierra, que nos hallamos una legua della, y dimos la popa a la mar. Y cerca de tierra nos tomó una ola que echó la barca fuera del agua un juego de herradura, y con el gran golpe que dio, casi toda la gente que en ella estaba como muerta, tornó en sí. Y como se vieron cerca de la tierra se comenzaron a descolgar y con manos y pies andando, y como salieron a tierra a unos barrancos, hecimos lumbre y tostamos del maíz que traíamos y hallamos agua de la que había llovido, y con el calor del fuego la gente tornó en sí y comenzaron algo a esforzarse. El día que aquí llegamos era sexto del mes de Noviembre.

CAPÍTULO XI
DE LO QUE ACAESCIÓ A LOPE DE OVIEDO CON UNOS INDIOS

Desque la gente hubo comido mandé a Lope de Oviedo, que tenía más fuerza y estaba más recio que todos, se llegase a unos árboles que cerca de allí estaban y subido en uno dellos descubriese la tierra en que estábamos y procurase de haber alguna noticia della. Él lo hizo así y entendió que estábamos en isla y vio que la tierra estaba cabada a la manera que suele estar tierra donde anda ganado, y parescióle por esto que debía ser tierra de cristianos y ansí nos lo dijo. Yo le mandé que la tornase a mirar muy más particularmente y viese si en ella había algunos caminos que fuesen seguidos, y esto sin alargarse mucho, por el peligro que podía haber. Él fue y topando con una vereda se fue por ella adelante hasta espacio de media legua y halló unas chozas de unos indios que estaban solas porque los indios eran idos al campo, y tomó una olla dellos y un perrillo pequeño y unas pocas de lizas y así se volvió a nosotros. Y paresciéndonos que se tardaba envié otros dos cristianos para que le buscasen y viesen qué le había suscedido, y ellos le toparon cerca de allí y vieron que tres indios con arcos y flechas venían tras dél llamándole, y él asimismo llamaba a ellos por señas. Y así llegó donde estábamos y los indios se quedaron un poco atrás, asentados en la misma ribera, y dende a media hora acudieron otros cien indios flecheros que, agora ellos fuesen grandes, o no, nuestro miedo les hacía parescer gigantes, y pararon cerca de nosotros, donde los tres primeron estaban[1]. Entre nosotros excusado era pensar que habría quien se defendiese, porque difícilmente se hallaron seis que del suelo se pudiesen levantar. El veedor e yo salimos a ellos y llamámosles y ellos se llegaron a nosotros y lo mejor que podimos procuramos de asegurarlos y asegurarnos, y dímosles cuentas y cascabeles, y cada uno de-

[1] Se trata de indios del tronco sioux.

61

llos me dio una flecha, que es señal de amistad, y por señas nos dijeron que a la mañana volverían y nos traerían de comer, porque entonces no lo tenían.

CAPÍTULO XII
COMO LOS INDIOS NOS TRUJERON DE COMER

Otro día, saliendo el sol, que era la hora que los indios nos habían dicho, vinieron a nosotros como lo habían prometido y nos trajeron mucho pescado y de unas raíces que ellos comen y son como nueces, algunas mayores o menores; la mayor parte dellas se sacan debajo del agua y con mucho trabajo. A la tarde volvieron y nos trajeron más pescado y de las mismas raíces e hicieron venir sus mujeres e hijos para que nos viesen, y ansí se volvieron ricos de cascabeles y cuentas que les dimos, y otros días nos tornaron a visitar con los mismos que estrotras veces. Como nosotros víamos que estábamos proveídos de pescado y de raíces y de agua de las otras cosas que pedimos, acordamos de tornarnos a embarcar y seguir nuestro camino, y desenterramos la barca de la arena en que estaba metida y fue menester que nos desnudásemos todos y pasásemos gran trabajo para echarla al agua, porque nosotros estábamos tales que otras cosas muy más livianas bastaban para ponernos en él. Y así, embarcados, a dos tiros de ballesta dentro en la mar, nos dio tal golpe de agua que nos mojó a todos y como íbamos desnudos y el frío que hacía era muy grande, soltamos los remos de las manos, y a otro golpe que la mar nos transtornó la barca; el veedor y otros dos se asieron della para escaparse, mas suscedió muy al revés, que la barca los tomó debajo y se ahogaron. Como la costa es muy brava, el mar, de un tumbo, echó a todos los otros, envueltos en las olas y medio ahogados, en la costa de la misma isla, sin que faltasen más de los tres que la barca había tomado debajo. Los que quedamos escapados, desnudos como nascimos y perdido todo lo que traíamos, y aunque todo valía poco, para entonces valía mucho. Y como entonces era por Noviembre y el frío muy grande y nosotros tales que con poca dificultad nos podían contar los huesos, estábamos hechos propia figura de la muerte. De mí sé decir que desde el mes de Mayo pasado yo no había comido otra cosa sino maíz tostado, y algunas veces me vi en la necesidad de comerlo crudo, porque aunque se mataron los caballos entre tanto que las barcas se hacían, yo nunca pude comer dellos y no fueron diez veces las que comí pescado. Esto digo por excusar razones, porque pueda cada uno ver qué tales estaríamos. Y sobre todo lo dicho había sobrevenido viento norte, de suerte que más estábamos cerca de la muerte que de la vida; plugo a Nuestro Señor que buscando los tizones del fuego que allí habíamos hecho hallamos lumbre con que hecimos grandes fuegos, y ansí estuvimos pidiendo a Nuestro Señor misericordia y perdón de nuestros pecados, derramando muchas lágrimas habiendo cada uno lástima, no sólo de sí, mas de todos los otros que en el mismo estado vían. Y a hora de puesto el sol, los indios, creyendo que no nos habíamos ido, nos volvieron a buscar y a traernos de comer, mas cuando ellos nos vieron ansí en tan diferente hábito del primero y en manera tan extraña, espantáronse tanto que se volvieron atrás. Yo salí a ellos y llamélos y vinieron muy espantados; hícelos entender por señas cómo se nos había hundido una barca y se habían ahogado tres de nosotros, y allí en su presencia ellos mismos vieron dos muertos y los que quedábamos íbamos aquel camino. Los indios, de ver el desastre que nos había venido y el desastre en que estábamos con tanta desventura y miseria, se sentaron entre nosotros y con el gran dolor y lástima que hobieron de vernos en tanta fortuna, comenzaron todos a llorar recio y tan de verdad que lejos de allí se podía oir, y esto les duró más de media hora, y cierto, ver que estos hombres tan sin razón y tan crudos, a manera de brutos, se dolían tanto de nosotros, hizo que en mí y en otros de la compañía cresciese más la pasión y la consideración de nuestra desdicha. Sosegado ya este llanto yo pregunté a los cristianos y dije que si a ellos parescía rogaría a aquellos indios que nos llevasen a sus casas, y algunos dellos, que habían estado en la Nueva España, respondieron que no se debía hablar en ello, porque si a sus casas nos llevaban nos sacrificarían a sus ídolos; mas visto que otro remedio no había y que por qualquier otro camino estaba más cerca y más cierta la muerte, no curé de lo que decían, antes rogué a los indios que nos llevasen a sus casas, y ellos mostraron que habían gran placer dello y que esperásemos un poco, que ellos harían lo que queríamos, y luego treinta dellos se cargaron de leña y se fueron a sus casas, que estaban lejos de allí, y quedamos con los otros hasta cerca de la noche, que nos tomaron y llevándonos asidos y con mucha priesa fuimos a sus casas, y por el gran frío que hacía y temiendo que en el camino alguno no muriese o desmayase, proveyeron que hobiese cuatro o cinco fuegos muy grandes puestos a trechos, y en cada uno dellos nos escalentaban y desque vían que habíamos tomado alguna fuerza y calor nos llevaban hasta el otro, tan aprisa que casi los pies no nos dejaban poner en el suelo, y desta manera fuimos hasta sus casas, donde hallamos que tenían hecha una casa para nosotros y muchos fuegos en ella, y desde a un hora que habíamos llegado comenzaron a bailar y hacer grande fiesta (que duró toda la noche) aunque para nosotros no había placer, fiesta, ni sueño, esperando cuándo nos habían de sacrificar, y a la mañana nos tornaron a dar pescado y raíces y hacer tan buen tratamiento que nos aseguramos algo y perdimos algo el miedo del sacrificio.

CAPÍTULO XIII
COMO SUPIMOS DE OTROS CRISTIANOS

Este mismo día yo vi a un indio de aquellos un rescate y conoscí que no era de los que nosotros les habíamos dado, y preguntando dónde le habían habido ellos, por señas me respondieron que se lo habían dado otros hombres como nosotros que estaban atrás. Yo, viendo esto, envié dos cristianos y dos indios que les mostrasen aquella gente, y muy cerca de allí toparon con ellos, que también venían a buscarnos porque los indios que allá quedaban los habían dicho de nosotros, y éstos eran los capitanes Andrés Dorante y Alonso del Castillo con toda la gente de su barca. Y llegados a nosotros se espantaron mucho de vernos de la manera que estábamos y rescibieron muy gran pena por no tener qué darnos, que ninguna otra ropa traían sino la que tenían vestida. Y estuvieron allí con nosotros y nos contaron cómo a cinco de aquel mismo mes su barca había dado al través legua y media de allí y ellos habían escapado sin perderse ninguna cosa, y todos juntos acordamos de adobar su barca e irnos en ella los que tuviesen fuerza y disposición para ello; los otros, quedarse allí hasta que convaleciesen, para irse como puediesen por luengo de costa y que esperasen allí hasta que Dios los llevase con nosotros a tierra de cristianos. Y como lo pensamos así nos pusimos en ello. Y antes que echásemos la barca al agua, Tavera, un caballero de nuestra compañía, murió; y la barca que nosotros pensábamos llevar hizo su fin y no se pudo sostener a sí misma, que luego fue hundida. Y como quedamos del arte que he dicho y los más desnudos y el tiempo tan recio para caminar, y pasar ríos y ancones a nado, ni tener bastimento alguno, ni manera para llevarlo, determinamos de hacer lo que la necesidad pedía, que era invernar allí. Y acordamos también que cuatro hombres que más recios estaban fuesen a Pánuco, creyendo que estábamos cerca de allí, y que si Dios Nuestro Señor fuese servido de llevarlos allá diesen aviso de cómo quedábamos en aquella isla y de nuestra necesidad y trabajo. Éstos eran muy grandes nadadores y al uno llamaban Alvaro Fernández, portugués, carpintero y marinero; el segundo se llamaba Méndez, y al tercero Figueroa, que era natural de Toledo; el cuarto, Astudillo, natural de Zafra. Llevaban consigo un indio que era de la isla.

CAPÍTULO XIV
COMO SE PARTIERON CUATRO CRISTIANOS

Partidos estos cuatro cristianos, dende a pocos días suscedió tal tiempo de fríos y tempestades que los indios no podían arrancar las raíces, y de los cañales en que pescaban ya no habían provecho ninguno, y como las casas eran tan desabrigadas comenzóse a morir la gente y cinco cristianos que estaban en rancho en la costa llegaron a tal extremo que se comieron los unos a los otros hasta que quedó uno solo, que por ser solo no hubo quien lo comiese. Los nombres dellos son éstos: Sierra, Diego López, Corral, Palacios, Gonzalo Ruiz. Deste caso se alteraron tanto los indios y hobo entre ellos tan gran escándalo, que sin dubda si al principio ellos lo vieran, los mataran y todos nos viéramos en grande trabajo; finalmente, en muy poco tiempo, de ochenta hombres que de ambas partes allí llegamos quedaron vivos solo quince, y después de muertos éstos dio a los indios de la tierra una enfermedad de estómago de que murió la mitad de la gente dellos, y creyeron que nosotros éramos los que los matábamos, y teniéndolo por muy cierto, concertaron entre sí de matar a los que habíamos quedado. Ya que lo venían a poner en efecto, un indio que a mí me tenía les dijo que no creyesen que nosotros éramos los que los matábamos, porque si nosotros tal poder tuviéramos, excusáramos que no murieran tantos de nosotros como ellos vían que habían muerto sin que los pudiéramos poner remedio, y que ya no quedábamos sino muy pocos y que ninguno hacía daño ni perjuicio; que lo mejor era que nos dejasen. Y quiso Nuestro Señor que los otros siguieron este consejo y parescer y ansí se estorbó su propósito. A esta isla pusimos por nombre isla de Malhado. La gente que allí hallamos son grandes y bien dispuestos; no tienen otras armas sino flechas y arcos, en que son por extremo diestros. Tienen los hombres la una teta horadada de una parte a otra, y algunos hay que las tienen ambas, y por el agujero que hacen traen una caña atravesada, tan larga como dos palmos y medio y tan gruesa como dos dedos; traen también horadado el labio de abajo y puesto en él un pedazo de la caña, delgada como medio dedo. Las mujeres son para mucho trabajo. La habitación que en esta isla hacen es desde Octubre hasta en fin de Febrero. El su mantenimiento es las raíces que he dicho, sacadas debajo el agua por Noviembre y Deciembre. Tienen cañales y no tienen más peces de para este tiempo; de ahí adelante comen las raíces. En fin de Febrero van a otras partes a buscar con qué mantenerse, porque entonces las raíces comienzan a nascer y no son buenas. Es la gente del mundo que más aman a sus hijos y mejor tratamiento les hacen, y cuando acaesce que alguno se le muere el hijo, lóranle los padres y los parientes de todo el pueblo, y el llanto dura un año cumplido, que cada día por la mañana, antes que amanezca comienzan primero a llorar los padres y tras esto todo el pueblo, y esto mismo hacen al mediodía y cuando amanesce; y pasado un año que los han llorado, hácenle las honras del muerto y lávanse y límpianse del tizne que traen. A todos los difuntos lloran desta manera, salvo a los viejos, de quien no hacen caso porque dicen que ya han pasado su tiempo y dellos ningún provecho hay, antes ocupan la tierra y quitan el mantenimiento a los niños. Tienen por costumbre de enterrar los muertos, sino son los que entre ellos son físicos,[1] que a éstos quémanlos y mientras el fuego arde todos están bailando y haciendo muy gran fiesta, y hacen polvo los huesos. Y pasado un año, cuando se hacen sus honras todos se jasan[2] en ellas y a los parientes dan aquellos polvos a beber, de los huesos, en agua. Cada uno tiene una mujer conoscida. Los físicos son los hombres más libertados; pueden tener dos y tres y entre éstas hay muy gran amistad y conformidad. Cuando viene que alguno casa su hija, el que la toma por mujer, dende el día que con ella se casa todo lo que matare cazando, o pescando, todo lo trae la mujer a la casa de su padre, sin osar tomar, ni comer, alguna cosa dello, y de casa del suegro le lle-

(1) *físicos:* Médicos, hechiceros.
(2) *jasar:* Sajar, cortar carne.

van a él de comer, y en todo este tiempo el suegro, ni la suegra, no entran en su casa, ni él ha de entrar en casa de los suegros, ni cuñados, y si acaso se toparen por alguna parte se desvían un tiro de ballesta el uno del otro, y entre tanto que así van apartándose, llevan la cabeza baja y los ojos en tierra puestos, porque tienen por cosa mala verse ni hablarse. Las mujeres tienen libertad para comunicar y conversar con los suegros y parientes. Y esta costumbre se tiene desde la isla hasta más de cincuenta leguas por la tierra adentro. Otra costumbre hay y es que cuando algún hijo o hermano muere, en la casa donde muriere, tres meses no buscan de comer, antes se dejan morir de hambre, y los parientes y los vecinos les proveen de lo que han de comer. Y como en el tiempo que aquí estuvimos murió tanta gente dellos, en las más casas había muy gran hambre por guardar también su costumbre y cerimonia, y los que lo buscaban, por mucho que trabajaban, por ser el tiempo tan recio no podían haber sino muy poco. Y por esta causa los indios que a mí me tenían se salieron de la isla y en unas canoas se pasaron a tierra firme a unas bahías adonde tenían muchos ostiones, y tres meses del año no comen otra cosa y beben muy mala agua. Tienen gran falta de leña, y de mosquitos muy grande abundancia. Sus casas son edificadas de esteras sobre muchas cáscaras de ostiones, y sobre ellos duermen en cueros y no los tienen sino es acaso. Y así estuvimos hasta en fin de Abril, que fuimos a la costa de la mar, a do comimos moras de zaizas todo el mes, en el cual no cesan de hacer sus areitos[3] y fiestas.

(3) *areitos:* Cantos y bailes festivos de los indios.

CAPÍTULO XV
DE LO QUE NOS ACAESCIÓ EN LA ISLA[1] DE MALHADO

En aquella isla que he contado nos quisieron hacer físicos, sin examinarnos ni pedirnos los títulos, porque ellos curan las enfermedades soplando al enfermo y con aquel soplo y las manos echan dél la enfermedad, y mandáronnos que hiciésemos lo mismo y sirviésemos en algo; nosotros nos reíamos dello, diciendo que era burla y que no sabíamos curar, y por esto nos quitaban la comida hasta que hiciésemos lo que nos decían. Y viendo nuestra porfía, un indio me dijo a mí que yo no sabía lo que decía en decir que no aprovecharía nada aquello que él sabía, ca las piedras y otras cosas que se crían por los campos tienen virtud, y que él con una piedra caliente, trayéndola por el estómago, sanaba y quitaba el dolor, y que nosotros, que éramos hombres, cierto era que teníamos mayor virtud y poder. En fin nos vimos en tanta necesidad que lo hobimos de hacer sin temer que nadie nos llevarse por ello la pena. La manera que ellos tienen en curarse es ésta: que en viéndose enfermos llaman un médico y después de curado no sólo le dan todo lo que poseen, mas entre sus parientes buscan cosas para darle. Lo que el médico hace es dalle unas sajas adonde tiene el dolor, y chúpanles alderedor dellas. Dan cauterios de fuego, que es cosa entre ellos tenida por muy provechosa e yo lo he experimentado y me suscedió bien dello, y después desto soplan aquel lugar que les duele y con esto creen ellos que se les quita el mal. La manera con que nosotros curamos era santiguándolos y soplarlos y rezar un Pater noster y un Ave María y rogar lo mejor que podíamos a Dios Nuestro Señor que les diese salud y espirase en ellos que nos hiciesen algún buen tratamiento. Quiso Dios Nuestro Señor y su misericordia que todos aquellos por quien suplicamos, luego que los santiguamos de-

(1) En la edición de M. Serrano y Sanz, *villa.*

73

cían a los otros que estaban sanos y buenos, y por este respecto nos hacían buen tratamiento y dejaban ellos de comer por dárnoslo a nosotros y nos daban cueros y otras cosillas. Fue tan extremada la hambre que allí se pasó que muchas veces estuve tres días sin comer ninguna cosa, y ellos también lo estaban, y parescíame ser cosa imposible durar la vida, aunque en otras mayores hambres y necesidades me vi después, como adelante diré. Los indios que tenían a Alonso del Castillo y Andrés Dorantes y a los demás que habían quedado vivos, como eran de otra lengua y de otra parentela se pasaron a otra parte de la tierra firme a comer ostiones y allí estuvieron hasta el primero día del mes de Abril y luego volvieron a la isla, que estaba de allí hasta dos leguas por lo más ancho del agua, y la isla tiene media legua de través y cinco en largo. Toda la gente desta tierra anda desnuda; solas las mujeres traen de sus cuerpos algo cubiertos con una lana que en los árboles se cría. Las mozas se cubren con unos cueros de venado. Es gente muy partida de los que tienen, unos con otros. No hay entre ellos señor. Todos los que son de un linaje andan juntos. Habitan en ella dos maneras de lenguas: a los unos llaman de Capoques, y a los otros de Han; tienen por costumbre cuando se conoscen y de tiempo a tiempo se ven, primero que se hablen estar media hora llorando, y acabando esto aquel que es visitado se levanta primero y da al otro todo cuanto posee, y el otro lo rescibe y de ahí a un poco se va con ello y aún algunas veces después de rescebido se van sin que hablen palabra. Otras extañas costumbres tienen; mas yo he contado las más principales y más señaladas, por pasar adelante y contar lo que más nos suscedió.

CAPÍTULO XVI
COMO SE PARTIERON LOS CRISTIANOS DE LA ISLA DE MALHADO

Después que Dorantes y Castillo volvieron a la isla recogieron consigo todos los cristianos, que estaban algo esparcidos, y halláronse por todos catorce. Yo, como he dicho, estaba en la otra parte en tierra firme, donde mis indios me habían llevado y donde me había dado tan gran enfermedad, que ya que alguna otra cosa me diera esperanza de vida, aquella bastaba para del todo quitármela. Y como los cristianos esto supieron dieron a un indio la manta de martas que del cacique habíamos tomado, como arriba dijimos, porque los pasase donde yo estaba, para verme. Y así vinieron doce, porque los dos quedaron tan flacos que no se atrevieron a traerlos consigo; los nombres de los que entonces vinieron son: Alonso del Castillo, Andrés Dorantes y Diego Dorantes; Valdivieso, Estrada, Tostado, Chaves, Gutiérrez, Esturiano, clérigo, Diego de Huelva, Estebanico el negro, Benítez. Y como fueron venidos a tierra firme hallaron otro que era de los nuestros, que se llamaba Francisco de León, y todos trece por luengo de costa. Y luego que fueron pasados, los indios que me tenían me avisaron dello y como quedaban en la isla Jerónimo de Alaniz y Lope de Oviedo. Mi enfermedad estorbó que no les pude seguir, ni los vi. Yo hube de quedar con estos mismos indios de la isla más de un año, y por el mucho trabajo que me daban y mal tratamiento que me hacían determiné de huir dellos e irme a los que moran en los montes y tierra firme, que se llaman los de Charruco, porque yo no podía sufrir la vida que con estos otros tenía, porque entre otros trabajos muchos, había de sacar las raíces para comer, debajo del agua, y entre las cañas donde estaban metidas en la tierra, y desto traía yo los dedos tan gastados que una paja que me tocase me hacía sangre dellos y las cañas me rompían por muchas partes porque muchas dellas estaban quebradas y habían de entrar por medio dellas con la ropa que he dicho que traía. Y por esto yo puse en obra de pasarme a los otros y con ellos suscedió algo mejor, y porque yo me hice mercader procuré de usar el oficio lo mejor que supe y por esto ellos me daban de comer y me hacían buen tratamiento y rogábanme que me fuese de unas partes a otras por cosas que ellos habían menester, porque por razón de la guerra que contino traen, la tierra no se anda ni se contrata[1] tanto. E ya con mis tratos y mercaderías entraba la tierra adentro todo lo que quería y por luengo de costa me alargaba cuarenta o cincuenta leguas. Lo principal de mi trato era pedazos de caracoles de la mar y corazones dellos y conchas con que ellos cortan una fruta que es como frísoles, con que se curan y hacen sus bailes y fiestas, y ésta es la cosa de mayor precio que entre ellos hay, y cuentas de la mar y otras cosas. Así esto era lo que yo llevaba la tierra adentro. Y en cambio y trueco dello traía cueros y almagra[2] con que ellos se untan y tiñen las caras y cabellos; pedernales para puntas de flechas, engrudo y cañas duras para hacerlas, y unas borlas que se hacen de pelos de venados, que las tiñen y paran coloradas; y este oficio me estaba a mí bien, porque andando en él tenía libertad para ir donde quería y no era obligado a cosa alguna y no era esclavo, y donde quiera que iba me hacían buen tratamiento y me daban de comer, por respecto de mis mercaderías, y lo más principal porque andando en ello yo buscaba por dónde me había de ir adelante, y entre ellos era muy conoscido; holgaban mucho cuando me vían y les traía lo que habían menester, y los que no me conoscían me procuraban y deseaban ver, por mi fama. Los trabajos que en esto pasé sería largo contarlos, así de peligros y hambres como de tempestades y fríos, que muchos dellos me tomaron en el campo y solo, donde por gran misericordia de Dios Nuestro Señor escapé. Y por esta causa yo no trataba el oficio en invierno, por ser tiempo que ellos mismos en sus chozas y ranchos metidos no podían valerse ni ampararse. Fueron casi seis años el tiempo

(1) *contratar:* Comerciar.
(2) *almagra:* Oxido de hierro que suele emplearse en la pintura.

que yo estuve en esta tierra solo entre ellos y desnudo como todos andaban. La razón por que tanto me detuve fue por llevar conmigo un cristiano que estaba en la isla, llamado Lope de Oviedo. El otro compañero de Alaniz que con él había quedado cuando Alonso del Castillo y Andrés Dorantes con todos los otros se fueron, murió luego, y por sacarlo de allí yo pasaba a la isla cada año y le rogaba que nos fuésemos a la mejor mañana que pudiésemos en busca de cristianos, y cada año me detenía, diciendo que el otro siguiente nos iríamos. En fin, al cabo lo saqué y le pasé el ancón e cuatro ríos que hay por la costa, porque él no sabía nadar. Y ansí fuimos con algunos indios adelante hasta que llegamos a un ancón que tiene una legua de través y es por todas partes hondo, y por lo que dél nos paresció y vimos es el que llaman del Espíritu Sancto, y de la otra parte dél vimos unos indios que vinieron a ver los nuestros y nos dijeron cómo más adelante había tres hombres como nosotros y nos dijeron los nombres dellos. Y preguntándoles por los demás nos repondieron que todos eran muertos de frío y de hambre. Y que aquellos indios de adelante, ellos mismos, por su pasatiempo, habían muerto a Diego Dorantes y a Valdevieso y a Diego de Huelva porque se habían pasado de una casa a otra, y que los otros indios sus vecinos, con quien agora estaba el capitán Dorantes, por razón de un sueño que habían soñado habían muerto a Esquivel y a Méndez. Preguntámosle qué tales estaban los vivos; dijéronnos que muy mal tratados porque los mochachos y otros indios que entre ellos son muy holgazanes y de mal trato les daban muchas coces y bofetones y palos, y que ésta era la vida que con ellos tenían. Quisímonos informar de la tierra adelante y de los mantenimientos que en ella había; respondieron que era muy pobre de gente y que en ella no había qué comer, y que morían de frío porque no tenían cueros, ni con qué cubrirse. Dijéronnos también si queríamos ver aquellos tres cristianos, que de ahí a dos días los indios que los tenían vernían a comer nueces, una legua de allí a la vera de aquel río, y porque viésemos que lo que nos habían dicho del mal tratamiento de los otros era verdad, estando con ellos dieron al compañero mío de bofetones y palos, y yo no quedé sin mi parte, y de muchos pellazos de lodo que nos tiraban, y nos ponían cada día las flechas al corazón diciendo que nos querían matar como a los otros nuestros compañeros. Y temiendo esto Lope de Oviedo mi compañero, dijo que quería volverse con unas mujeres de aquellos indios con quien habíamos pasado el ancón que quedaba algo atrás. Yo porfié mucho con él que no lo hiciese, y pasé muchas cosas y por ninguna vía lo pude detener y así se volvió y yo quedé solo con aquellos indios, los cuales se llamaban Quevenes, y los otros con quien él se fue, llaman Deaguanes.

CAPÍTULO XVII
COMO VINIERON LOS INDIOS Y TRUJERON A ANDRÉS DORANTES Y A CASTILLO Y A ESTEBANICO

Desde a dos días que Lope de Oviedo se había ido, los indios que tenían a Alonso del Castillo y Andrés Dorantes vinieron al mesmo lugar que nos habían dicho, a comer de aquellas nueces de que se mantienen, moliendo unos granillos con ellas, dos meses del año, sin comer otra cosa, y aún esto no lo tienen todos los años, porque acuden uno, y otro no; son del tamaño de las de Galicia y los árboles son muy grandes y hay gran número dellos. Un indio me avisó cómo los cristianos eran llegados y que si yo quería verlos me hurtase e huyese a un canto de un monte que él me señaló, porque él y otros parientes suyos habían de venir a ver aquellos indios y que me llevarían consigo adonde los cristianos estaban. Yo me confié dellos y determiné de hacerlo porque tenían otra lengua distinta de la de mis indios. Y puesto por obra, otro día fueron y me hallaron en el lugar que estaba señalado, y así me llevaron consigo. Ya que llegué cerca de donde tenían su aposento, Andrés Dorantes salió a ver quién era, porque los indios le habían también dicho cómo venía un cristiano y cuando me vio fue muy espantado porque había muchos días que me tenían por muerto y los indios así lo habían dicho. Dimos muchas gracias a Dios de vernos juntos, y este día fue uno de los de mayor placer que en nuestros días habemos tenido. Y llegado donde Castillo estaba me preguntaron que dónde iba. Yo le dije que mi propósito era de pasar a tierra de cristianos y que en este rastro y busca iba. Andrés Dorantes respondió que muchos días había que él rogaba a Castillo y a Estebanico que se fuesen adelante, y que no lo osaban hacer porque no sabían nadar y que temían mucho los ríos y ancones por donde habían de pasar, que en aquella tierra hay muchos. Y pues Dios Nuestro Señor había sido servido de guardarme entre tantos trabajos y enfermedades y al cabo traerme en su compañía, que ellos determinaban de huir, que yo los pasaría de los ríos y ancones que topásemos, y avisáronme que en ninguna manera diese a entender a los indios, ni conosciesen de mí, que yo quería pasar adelante, porque luego me matarían, y que para esto era menester que yo me detuviese con ellos seis meses, que era tiempo en que aquellos indios iban a otra tierra a comer tunas. Ésta es una fruta que es del tamaño de huevos, y son bermejas y negras y de muy buen gusto. Cómenlas tres meses al año, en los cuales no comen otra cosa alguna, porque al tiempo que ellos las cogían venían a ellos otros indios de adelante que traían arcos, para contratar y cambiar con ellos; y que cuando aquellos se volviesen nos huiríamos de los nuestros y nos volveríamos con ellos. Con este concierto yo quedé allí y me dieron por esclavo a un indio con quien Dorantes estaba, el cual era tuerto y su mujer y un hijo que tenían y otro que estaba en su compañía, de manera que todos eran tuertos. Éstos se llaman Mariames, y Castillo estaba con otros sus vecinos llamados Yguases. Y estando aquí ellos me contaron que después que salieron de la isla de Malhado, en la costa de la mar hallaron la barca en que iba el contador y los frailes, al través, y que yendo pasando aquellos ríos, que son cuatro muy grandes y de muchas corrientes, les llevó las barcas en que pasaban, a la mar, donde se ahogaron cuatro dellos, y que así fueron adelante hasta que pasaron el ancón, y lo pasaron con mucho trabajo, y a quince leguas adelante hallaron otro, y que cuando allí llegaron ya se les habían muerto dos compañeros en sesenta leguas que habían andado, y que todos los que quedaban estaban para lo mismo, y que en todo el camino no habían comido sino cangrejos y yerba pedrera, y llegados a este último ancón decían que hallaron en él indios que estaban comiendo moras y como vieron a los cristianos se fueron de allí a otro cabo, y que estando procurando y buscando manera para pasar el ancón, pasaron a ellos un indio y un cristiano, y que llegado conoscieron que era Figueroa, uno de los cuatro que habían llegado hasta aquel lugar, donde se habían muerto dos dellos y un indio, todos tres de frío y de hambre porque habían venido y estado en el más recio tiempo del mundo, e que a él y a Méndez habían tomado los indios. Y que estando con ellos Méndez había huido, yendo la vía, lo mejor que pudo, de Pánuco, y que los indios habían ido tras él e que lo habían muerto e que estando él con estos indios supo dellos cómo con los Mariames estaba un cristiano que había pasado de la otra parté e lo había hallado con los que llamaban Quevenes, y que este cristiano era Hernando de Esquivel, natural de Badajoz, el cual venía en compañía del comisario, y que él supo de Esquivel el fin en que habían parado el gobernador, y el contador, y los demás, y le dijo que el contador y los frailes habían echado al través su barca entre los ríos, y viniéndose por luengo de costa llegó la barca del gobernador con su gente en tierra, y él se fue con su barca hasta que llegaron a aquel ancón grande y que allí tornó a tomar la gente y la pasó del otro cabo y volvió por el contador y los frailes y todos los otros. Y contó cómo estando desembarcados el gobernador había revocado el poder que el contador tenía de lugarteniente suyo y dio el cargo a un capitán que traía consigo, que se decía Pantoja, e que el gobernador se quedó en su barca y no quiso aquella noche salir a tierra y quedaron con él un maestre y un paje que estaba malo, y en la barca no tenía agua ni cosa ninguna que comer, e que a media noche el norte vino tan recio que sacó la barca a la mar sin que ninguno la viese, porque no tenía por resón[1] sino una piedra, y que nunca más supieron dél; e que visto esto, la gente que en tierra quedaron se fueron por luengo de costa y que como hallaron tanto estorbo de agua hicieron balsa con mucho trabajo, en que pasaron de la otra parte, e que yendo adelante llegaron a una punta de un monte, orilla de agua, e que hallaron indios que como los vieron venir metieron sus casas en sus canoas y se pasaron de la otra parte a la costa, y los cristianos, viendo el tiempo que era, porque era por el mes de Noviembre, pararon en este monte porque hallaron agua y leña y algunos cangrejos y mariscos, donde de frío y de hambre se comenzaron poco a

---

(1) *resón:* Ancla. «Una fregata... con todos sus aparejos, velas y anclas, ques un *rresón* de yerro...» (Peter Boyd–Bowman: *Léxico Hispanoamericano del siglo XVI*, Londres, 1972.)

poco a morir. Allende desto, Pantoja, que por teniente había quedado, les hacía mal tratamiento, y no lo pudiendo sufrir Sotomayor, hermano de Vasco Porcallo, el de la isla de Cuba, que en el armada había venido por maestre de campo, se revolvió con él y le dio un palo de que Pantoja quedó muerto, y así se fueron acabando. Y los que morían, los otros los hacían tasajos, y el último que murió fue Sotomayor, y Esquivel lo hizo tasajos y comiendo dél se mantuvo hasta primero de Marzo, que un indio de los que allí habían huido vino a ver si eran muertos y llevó a Esquivel consigo, y estando en poder deste indio el Figueroa lo habló y supo dél todo lo que habemos contado y le rogó que se viniese con él para irse ambos la vía del Pánuco, lo cual Esquivel no quiso hacer, diciendo que él había sabido de los frailes que Pánuco había quedado atrás, y así se quedó allí y Figueroa se fue a la costa adonde solía estar.

CAPÍTULO XVIII
DE LA RELACIÓN QUE DIO DE ESQUIVEL

Esta cuenta toda dio Figueroa por la relación que de Esquivel había sabido, y así de mano en mano llegó a mí, por donde se puede ver y saber el fin que toda aquella armada hubo y los particulares casos que a cada uno de los demás acontecieron. Y dijo más, que si los cristianos algún tiempo andaban por allí, podría ser que viesen a Esquivel, porque sabía que se había huido de aquel indio con quien estaba a otros que se decían los Mareames, que eran allí vecinos. Y como acabó de decir, él y el Asturiano se quisieran ir a otros indios que adelante estaban, mas como los indios que lo tenían lo sintieron, salieron a ellos y diéronles muchos palos y desnudaron al Asturiano y pasáronle un brazo con una flecha, y en fin, se escaparon huyendo y los cristianos se quedaron con aquellos indios y acabaron con ellos que los tomasen por esclavos, aunque estando sirviéndoles fueron tan mal tratados dellos como nunca esclavos ni hombres de ninguna suerte lo fueron, porque de seis que eran, no contentos con darles muchas bofetadas y apalearlos y pelarles las barbas por su pasatiempo, por sólo pasar de una casa a otra mataron tres, que son los que arriba dije: Diego Dorantes, y Valdevieso y Diego de Huelva. Y los otros tres que quedaban esperaban parar en esto mismo, y por no sufrir esta vida Andrés Dorantes se huyó y se pasó a los Mareames, que eran aquellos adonde Esquivel había parado, y ellos le contaron cómo habían tenido allí a Esquivel y cómo estando allí se quiso huir porque una mujer había soñado que le había de matar un hijo, y los indios fueron tras él y lo mataron y mostraron a Andrés Dorantes su espada y sus cuentas y libro y otras cosas que tenía. Esto hacen éstos por una costumbre que tienen, y es que matan sus mismos hijos por sueños, y a las hijas en nasciendo las dejan comer a perros y las echan por ahí. La razón porque ellos lo hacen es, según ellos dicen, porque todos los de la tierra son sus enemigos y con ellos tienen continua guerra, y que si acaso casasen sus hijas multiplicarían tanto sus enemigos que los subjetarían y tomarían por esclavos, y por esta causa querían más matallas que no que dellas mismas nasciese quien fuese su enemigo. Nosotros les dijimos que ¿por qué no las casaban con ellos mismos y también entre ellos?; dijeron que era fea cosa casarlas con sus parientes y que era muy mejor matarlas que darlas a sus parientes, ni a sus enemigos, y esta costumbre usan éstos y otros sus vecinos que se llaman los Yguaces, solamente, sin que ningunos otros de la tierra la guarden. Y cuando éstos se han de casar compran las mujeres a sus enemigos;[1] y el precio que cada uno da por la suya es un arco, el mejor que puede haber, con dos flechas, y si acaso no tiene arco, una red hasta una braza en ancho y otra en largo; matan sus hijos y mercan los ajenos; no dura el casamiento más de cuanto están contentos y con una higa[2] deshacen el casamiento. Dorantes estuvo con éstos y desde a pocos días se huyó. Castillo y Estebanico se vinieron dentro a la tierra firme a los Yeguaces. Toda esta gente son flecheros y bien dispuestos, aunque no tan grandes como los que atrás dejamos, e traen la teta y el labio horadados. Su mantenimiento principalmente es raíces de dos o tres maneras y búscanlas por toda la tierra; son muy malas e hinchan los hombres que las comen. Tardan dos días en asarse y muchas dellas son muy amargas, y con todo esto se sacan con mucho trabajo. Es tanta la hambre que aquellas gentes tienen que no se pueden pasar sin ellas, y andan dos o tres leguas buscándolas. Algunas veces matan algunos venados, y a tiempos toman algún pescado; mas esto es tan poco y su hambre tan grande que comen arañas e huevos de hormigas y gusanos e lagartijas e salamanquesas e culebras y víboras que matan los hombres que muerden, y comen tierra y madera e todo lo que puede haber, y estiércol de venados y otras cosas que dejo de contar, y creo averiguadamente que si en aquella tierra hobiese piedras, las

(1) De esta descripción se desprende claramente que estas tribus practicaban la exogamia.
(2) *con una higa:* Con cualquier pretexto.

84

comerían. Guardan las espinas del pescado que comen e de las culebras y otras cosas, para molerlo después todo e comer el polvo dello. Entre éstos no cargan los hombres, ni llevan cosa de peso, mas llévanlo las mujeres y los viejos, que es la gente que ellos en menos tienen. No tienen tanto amor a sus hijos como los que arriba dijimos. Hay algunos entre ellos que usan pecado contra natura. Las mujeres son muy trabajadoras y para mucho, porque de veinte y cuatro horas que hay entre día y noche no tienen sino seis horas de descanso y todo lo más de la noche pasan en atizar sus hornos para secar aquellas raíces que comen. Y desque amanece comienzan a cavar y a traer leña y agua a sus casas y dar orden en las otras cosas de que tienen necesidad. Los más destos son grandes ladrones, porque aunque entre sí son bien partidos, en volviendo uno la cabeza, su hijo mismo o su padre le toma lo que puede. Mienten muy mucho y son grandes borrachos y para esto beben ellos una cierta cosa. Estan tan usados a correr que sin descansar ni cansar corren desde la mañana hasta la noche y siguen un venado y desta manera matan muchos dellos, porque los siguen hasta que los cansan y algunas veces los toman vivos. Las casas dellos son de esteras puestas sobre cuatro arcos; llévanlas a cuestas y múdanse cada dos o tres días para buscar de comer; ninguna cosa siembran que se puedan aprovechar; es gente muy alegre; por mucha hambre que tengan, por eso no dejan de bailar ni de hacer sus fiestas y areitos. Para ellos el mejor tiempo que éstos tienen es cuando comen las tunas, porque entonces no tienen hambre y todo el tiempo se les pasa en bailar, y comen dellas de noche y de día todo el tiempo que les duran; exprímenlas y ábrenlas y pónenlas a secar y después de secas pónenlas en unas seras[3], como higos, y guárdanlas para comer por el camino cuando se vuelven, y las cáscaras dellas muélenlas y hácenlas polvo. Muchas veces estando con éstos nos acontesció tres o cuatro días estar sin comer porque no lo había; ellos por alegrarnos nos decían que no estuviésemos tristes, que presto habría tunas y comeríamos muchas y beberíamos del zumo dellas y terníamos las barrigas muy grandes y estaríamos muy conten-

(3) *sera:* Espuerta grande, sin asas.

tos y alegres y sin hambre alguna. Y desde el tiempo que esto nos decían hasta que las tunas se hubiesen de comer había cinco o seis meses y cuando fue tiempo fuimos a comer las tunas; hallamos por la tierra muy gran cantidad de mosquitos de tres maneras, que son muy malos y enojosos y todo lo más del verano nos daban mucha fatiga. Y para defendernos dellos hacíamos alrededor de la gente muchos fuegos de leña podrida y mojada para que no ardiesen e hiciesen humo, y esta defensión nos daba, y sobre esto gran calor que nos causaban los muchos fuegos, y salíamos a dormir a la costa y si alguna vez podíamos dormir recordábannos[4] a palos para que tornásemos a encender los fuegos. Los de la tierra adentro, para esto usan otro remedio tan incomportable y más que éste que he dicho, y es andar con tizones en las manos, quemando los campos y montes que topan, para que los mosquitos huyan, y también para sacar debajo de tierra lagartijas y otras semejantes cosas, para comerlas. Y también suelen matar venados cercándolos con muchos fuegos. Y usan también esto por quitar a los animales el pasto y que la necesidad les haga ir a buscarlo adonde ellos quieren, porque nunca hacen asiento con sus casas sino donde hay agua y leña, y alguna vez cargan todos desta provisión y van a buscar los venados, que muy ordinariamente están donde no hay agua ni leña, y el día que llegan matan venados y algunas otras cosas que pueden y gastan todo el agua y leña en guisar de comer y en los fuegos que hacen para defenderse de los mosquitos, y esperan otro día para tomar algo que lleven para el camino. Y cuando parten, tales van de los mosquitos que parece que tienen enfermedad de San Lázaro. Y desta manera satisfacen su hambre dos o tres veces en el año, a tan grande costa como he dicho, y por haber pasado por ello puedo afirmar que ningún trabajo que se sufra en el mundo iguala con éste. Por la tierra hay muchos venados y otras aves e animales de las que atrás he contado. Alcanzan aquí vacas[5] e yo las he visto tres veces y comido dellas y parésceme que serán del tamaño de las de España; tienen los cuernos pequeños, como moriscas, y el

(4) *recordar:* Despertar.
(5) Referencia al bisonte.

pelo muy largo, merino como una bernia,[6] unas son pardillas y otras negras y a mi parescer tienen mejor y más gruesa carne que las de acá. De las que no son grandes hacen los indios mantas para cubrirse, y de las mayores hacen zapatos y rodelas; éstas vienen de hacia el norte por la tierra adelante hasta la costa de la Florida, y tiéndense por toda la tierra más de cuatrocientas leguas, y en todo este camino por los valles por donde ellas vienen, bajan las gentes que por allí habitan y se mantienen dellas y meten en la tierra grande cantidad de cueros.

(6) *bernia:* Tejido basto de lana.

CAPÍTULO XIX
DE COMO NOS APARTARON LOS INDIOS

Cuando fueron cumplidos los seis meses que yo estuve con los cristianos esperando a poner en efecto el concierto que teníamos hecho, los indios se fueron a las tunas, que había de allí adonde las habían de coger hasta treinta leguas, e ya que estábamos para huirnos, los indios con quien estábamos unos con otros riñeron sobre una mujer y se apuñearon y apalearon y descalabraron unos a otros, y con el grande enojo que hobieron, cada uno tomó su casa y se fue a su parte, de donde fue necesario que todos los cristianos que allí eramos también nos apartásemos y en ninguna manera nos podimos juntar hasta otro año. Y en este tiempo yo pasé muy mala vida, ansí por la mucha hambre como por el mal tratamiento que de los indios rescibía, que fue tal que yo me hube de huir tres veces de los amos que tenía y todos me anduvieron a buscar y poniendo diligencia para matarme, y Dios Nuestro Señor por su misericordia me quiso guardar y amparar dellos. Y cuando el tiempo de las tunas tornó, en aquel mismo lugar nos tornamos a juntar. Ya que teníamos concertado de huirnos y señalando el día, aquel mismo día los indios nos apartaron y fuimos cada uno por su parte y yo dije a los otros compañeros que yo los esperaría en las tunas hasta que la luna fuese llena, y este día era primero de Setiembre y primero día de luna, y aviselos que si en este tiempo no viniesen al concierto, yo me iría solo y los dejaría. Y ansí nos apartamos y cada uno se fue con sus indios e yo estuve con los míos hasta trece de luna, y yo tenía acordado de me huir a otros indios en siendo la luna llena. Y a trece días del mes llegaron adonde yo estaba Andrés Dorantes y Estebanico y diéronme cómo dejaban a Castillo con otros indios que se llamaban Anagados y que estaban cerca de allí, y que habían pasado mucho trabajo y que habían andado perdidos. Y que otro día adelante nuestros indios se mudaron hacia donde Castillo estaba e iban a juntarse con los que lo tenían y hacerse amigos unos de otros, porque hasta allí habían tenido guerra, y desta manera cobramos a Castillo. En todo el tiempo que comíamos las tunas teníamos sed y para remedio desto bebíamos el zumo de las tunas y sacábamoslo en un hoyo que en la tierra hacíamos, y desque estaba lleno bebíamos dél hasta que nos hartábamos. Es dulce y de color de arrope; esto hacen por falta de otras vasijas. Hay muchas maneras de tunas y entre ellas hay algunas muy buenas, aunque a mí todas me parescían así y nunca la hambre me dio espacio para escogerlas, ni parar mientes en cuáles eran mejores. Todas las más destas gentes beben agua llovediza y recogida en algunas partes, porque aunque hay ríos, como nunca están de asiento nunca tienen agua conoscida ni señalada. Por toda la tierra hay muy grandes y hermosas dehesas y de muy buenos pastos para ganados, e parésceme que sería tierra muy fructífera si fuese labrada y habitada de gente de razón. No vimos sierra en toda ella en tanto que en ella estuvimos. Aquellos indios nos dijeron que otros estaban más adelante, llamados Camones, que viven hacia la costa y habían muerto toda la gente que venía en la barca de Peñalosa y Téllez, y que venían tan flacos que aunque los mataban no se defendían, y así los acabaron todos, y nos mostraron ropas y armas dellos y dijeron que la barca estaba allí al través. Esta es la quinta barca que faltaba, porque la del gobernador ya dijimos cómo la mar la llevó, y la del contador y los frailes la habían visto echada al través en la costa, y Esquivel contó el fin dellos. Las dos en que Castillo e yo e Dorantes íbamos ya hemos contado cómo junto a la isla de Malhado se hundieron.

CAPÍTULO XX
DE COMO NOS HUIMOS

Después de habernos mudado, desde a dos días nos enco-
mendamos a Dios Nuestro Señor y nos fuimos huyendo, con-
fiando que aunque era ya tarde y las tunas se acababan, con los
frutos que quedarían en el campo podríamos andar buena parte de tierra. Yendo aquel día nuestro camino con harto temor
que los indios nos habían de seguir, vimos unos humos e yendo
a ellos después de vísperas llegamos allá, do vimos un indio
que como vio que íbamos a él huyó sin querernos aguardar;
nosotros enviamos al negro tras dél y como vio que iba solo,
aguardólo. El negro le dijo que íbamos a buscar aquella gente
que hacía aquellos humos. El respondió que cerca de allí estaban las casas y que nos guiaría allá, y así lo fuimos siguiendo y
él corrió a dar aviso de cómo íbamos e a puesta del sol vimos
las casa e dos tiros de ballesta antes que llegásemos a ellas hallamos cuatro indios que nos esperaban y nos rescibieron bien.
Dijímosles en lengua de Mareames que íbamos con nuestra
campañía, e ansí nos llevaron a sus casas, e a Dorantes e al negro aposentaron en casa de un físico, y a mí e a Castillo en casa
de otro. Estos tienen otra lengua y llámanse Avavares, e son
aquéllos que solían llevar los arcos a los nuestros e iban a contratar con ellos, y aunque son de otra nación y lengua entienden la lengua de aquéllos con quien antes estábamos, y aquel
mismo día habían llegado allí con sus casas. Luego el pueblo
nos ofresció muchas tunas porque ya ellos tenían noticia de
nosotros, y cómo curábamos y de las maravillas que Nuestro
Señor con nosotros obraba, que aunque no hobiera otras, harto
grandes eran abrirnos caminos por tierra tan despoblada y darnos gente por donde muchos tiempos no la había y librarnos de
tantos peligros y no permitir que nos matasen y substentarnos
con tanta hambre y poner aquellas gentes en corazón que nos
tratasen bien, como adelante diremos.

CAPÍTULO XXI
DE COMO CURAMOS AQUÍ UNOS DOLIENTES

Aquella misma noche que llegamos vinieron unos indios a Castillo y dijéronle que estaban muy malos de la cabeza, ruegándole que los curase, y después que los hubo santiguado y encomendado a Dios, en aquel punto los indios dijeron que todo el mal se les había quitado, y fueron a sus casas y trujeron muchas tunas y un pedazo de carne de venado, cosa que no sabíamos qué cosa era, y como esto entre ellos se publicó vinieron otros muchos enfermos en aquella noche a que los sanase y cada uno traía un pedazo de venado, y tantos eran que no sabíamos adónde poner la carne. Dimos muchas gracias a Dios porque cada día iba cresciendo su misericordia y mercedes. Y después que se acabaron las curas comenzaron a bailar y hacer sus areitos y fiestas hasta otro día que el sol salió, y duró la fiesta tres días, por haber nosotros venido, y al cabo dellos les preguntamos por la tierra de adelante y por la gente que en ella hallaríamos y los mantenimientos que en ella había. Respondiéronnos que por toda aquella tierra había muchas tunas, mas que ya era acabadas, y que ninguna gente había, porque todos eran idos a sus casa con haber ya cogido las tunas, y que la tierra era muy fría y en ella había muy pocos cueros. Nosotros viendo esto, que ya el invierno y tiempo frío entraba, acordamos de pasarlo con éstos. A cabo de cinco días que allí habíamos llegado se partieron a buscar otras tunas a donde había otra gente de otras nasciones y lenguas. Y andadas cinco jornadas con muy grande hambre, porque en el camino no había tunas ni otra fruta ninguna, allegamos a un río donde asentamos nuestras casas y después de asentadas fuimos a buscar una fruta de unos árboles, que es como hieros[1], y como por toda esa tierra no hay caminos yo me detuve más en buscarla, la gente se

(1) *hieros:* Yeros, plantas herbáceas.

volvió e yo quedé solo, y veniendo a buscarlos aquella noche me perdí y plugo a Dios que hallé un arbol ardiendo y al fuego dél pasé aquel frío aquella noche, y a la mañana yo me cargué de leña y tomé dos tizones y volví a buscarlos y anduve desta manera cinco días, siempre con mi lumbre y carga de leña, porque si el fuego se me matase en parte donde no tuviese leña, como en muchas partes no la había, tuviese de qué hacer otros tizones y no me quedase sin lumbre, porque para el frío yo no tenía otro remedio, por andar desnudo como nascí; y para las noches yo tenía este remedio, que me iba a las matas del monte que estaba cerca de los ríos y paraba en ellas antes que el sol se pusiese, y en la tierra hacía un hoyo y en él echaba mucha leña que se cría en muchos árboles de que por allí hay muy gran cantidad, e juntaba mucha leña de la que estaba caída y seca de los árboles, y alderedor de aquel hoyo hacía cuatro fuegos en cruz e yo tenía cargo y cuidado de rehacer el fuego de rato en rato, y hacía unas gavillas de paja larga que por allí hay, con que me cobría en aquel hoyo, e desta manera me amparaba del frío de las noches, y una dellas el fuego cayó en la paja con que yo estaba cubierto y estando yo durmiendo en el hoyo comenzó a arder muy recio, e por mucha priesa que yo me di a salir todavía saqué señal en los cabellos del peligro en que había estado. En todo este tiempo no comí bocado, no hallé cosa que pudiese comer, y como traía los pies descalzos corrióme de ellos mucha sangre. Y Dios usó conmigo de misericordia que en todo este tiempo no ventó el norte, porque de otra manera ningún remedio había de yo vivir. Y a cabo de cinco días llegué a una ribera de un río donde yo hallé a mis indios, que ellos y los cristianos me contaban ya por muerto e siempre creían que alguna víbora me había mordido. Todos hobieron gran placer de verme, principalmente los cristianos, y me dijeron que hasta entonces habían caminado con mucha hambre, que ésta era la causa que no me habían buscado, y aquella noche me dieron de las tunas que tenían. Y otro día partimos de allí y fuimos donde hallamos muchas tunas con que todos satisficieron su gran hambre. Y nosotros dimos muchas gracias a Nuestro Señor porque nunca nos faltaba su remedio.

CAPÍTULO XXII
COMO OTRO DÍA NOS TRUJERON OTROS ENFERMOS

Otro día de mañana vinieron allí muchos indios y traían cinco enfermos que estaban tollidos y muy malos y venían en busca de Castillo que los curase e cada uno de los enfermos ofresció su arco y flechas, y él los rescibió y a puesta del sol los santiguó y encomendó a Dios Nuestro Señor y todos le suplicamos con la mejor manera que podíamos les enviase salud, pues El vía que no había otro remedio para que aquella gente nos ayudase y saliésemos de tan miserable vida, y El lo hizo tan misericordiosamente que venida la mañana todos amanescieron tan buenos y sanos y se fueron tan recios como si nunca hobieran tenido mal ninguno. Esto causó entre ellos muy gran admiración y a nosotros despertó que diésemos muchas gracias a Nuestro Señor a que más enteramente conosciésemos su bondad y tuviésemos firme esperanza que nos había de librar y traer donde le pudiésemos servir. Y de mí sé decir que siempre tuve esperanza en su misericordia que me había de sacar de aquella captividad, y así yo lo hablé siempre a mis compañeros. Como los indios fueron idos e llevaron sus indios sanos, partimos donde estaban otros comiendo tunas, y éstos se llaman Cutalches e Malicones, que son otras lenguas, y junto con ellos había otros que se llamaban Coayos e Susolas, y de otra parte otros llamados Atayos, y éstos tenían guerra con los Susolas, con quien se flechaban cada día. Y como por toda la tierra no se hablase sino en los misterios que Dios Nuestro Señor con nosotros obraba, venían de muchas partes a buscarnos para que los curásemos, y a cabo de unos días que allí llegaron vinieron a nosotros unos indios de los Susolas e rogaron a Castillo que fuese a curar un herido e otros enfermos, y dijeron que entre ellos quedaba uno que estaba muy al cabo. Castillo era médico muy temeroso, principalmente cuando las curas eran muy temerosas e peligrosas, e creía que sus pecados habían de estorbar que no todas veces se suscediese bien el curar. Los indios me dijeron que yo fuese a curarlos, porque ellos me querían bien e se acordaban que les había curado en las nueces e por aquello nos habían dado nueces e cueros, y esto había pasado cuando yo vine a juntarme con los cristianos, e así hube de ir con ellos y fueron conmigo Dorantes y Estebanico. Y cuando llegué cerca de los ranchos que ellos tenían yo vi el enfermo que íbamos a curar, que estaba muerto, porque estaba mucha gente alderedor dél llorando, y su casa deshecha, que es señal que el dueño estaba muerto. Y ansí, cuando yo llegué hallé el indio los ojos vueltos e sin ningún pulso e con todas señales de muerto, según a mí me paresció, e lo mismo dijo Dorantes. Yo le quité una estera que tenía encima con que estaba cubierto, y lo mejor que pude supliqué a Nuestro Señor fuese servido de dar salud a aquél y a todos los otros que della tenían necesidad. Y después de santiguado e soplado muchas veces me trajeron su arco y me lo dieron y una sera de tunas molidas, e lleváronme a curar otros muchos que estaban malos de modorra y me dieron otras dos seras de tunas, las cuales di a nuestros indios que con nosotros habían venido, y hecho esto nos volvimos a nuestro aposento y nuestros indios a quien di las tunas se quedaron allá, y a la noche se volvieron a sus casas y dijeron que aquél que estaba muerto e yo había curado, en presencia dellos se había levantado bueno y se había paseado y comido e hablado con ellos, e que todos cuantos había curado quedaban sanos y muy alegres.[1] Esto causó muy gran admiración y espanto y en toda la tierra no se hablaba en otra cosa. Todos aquellos a quien esta fama llegaba nos veían a buscar para que los curásemos y santiguásemos sus hijos. Y cuando los indios que estaban en compañía de los nuestros, que eran los Cutalchiches, se hobieron de ir a su tierra, antes que se partiesen nos ofrescieron todas las tunas que para su camino tenían, sin que ninguna les quedase, y diéronnos pedernales tan largos como palmo y medio, con que ellos cortan, y es entre ellos cosa de muy gran estima. Rogáronnos que nos acordáse-

[1] Todo parece indicar que el «muerto» era un cataléptico.

mos dellos y rogásemos a Dios que siempre estuviesen buenos, y nosotros se lo prometimos y con esto partieron los más contentos hombres del mundo, habiéndonos dado todo lo mejor que tenían. Nosotros estuvimos con aquellos indios Avavares ocho meses, y esta cuenta hacíamos por las lunas. En todo este tiempo nos venían de muchas partes a buscar y decían que verdaderamente nosotros éramos hijos del Sol. Dorantes y el negro hasta allí no habían curado, mas por la mucha importunidad que teníamos viniéndonos de muchas partes a buscar, venimos todos a ser médicos, aunque en atrevimiento y osar acometer qualquier cura era yo más señalado entre ellos, y ninguno jamás curamos que no nos dijese que quedaba sano, y tanta confianza tenían que habían de sanar si nosotros los curásemos, que creían que en tanto que nosotros allí estuviésemos ninguno dellos había de morir. Éstos y los de más atrás nos contaron una cosa muy extraña, y por la cuenta que nos figuraron parescía que había quince o diez y seis años que había acontecido, que decían que por aquella tierra anduvo un hombre que ellos llaman Mala Cosa, y que era pequeño de cuerpo y que tenía barbas, aunque nunca claramente le pudieron ver el rostro, y que cuando venía a la casa donde estaban se les levantaban los cabellos y temblaban y luego parescía a la puerta de la casa un tizón ardiendo e luego aquel hombre entraba y tomaba al que quería dellos e dábales tres cuchilladas grandes por las hijadas con un pedernal muy agudo, tan ancho como una mano e dos palmos en luengo, y metía la mano por aquellas cuchilladas y sacábales las tripas, y que cortaba de una tripa poco más o menos de un palmo y aquello que cortaba echaba en las brasas; y luego le daba tres cuchilladas en un brazo, e la segunda daba por la sangradura y desconcertábaselo, y dende a poco se lo tornaba a concertar y poníale las manos sobre las heridas; y decíannos que luego quedaban sanos y que muchas veces cuando bailaban aparescía entre ellos, en hábito de mujer unas veces, y otras como hombre, e cuando él quería tomaba el buhío o casa y subíala en alto y dende a un poco caía con ella y daba muy grande golpe. También nos contaron que muchas veces le dieron de comer y que nunca jamás comió e que le preguntaban

97

dónde venía e a qué parte tenía su casa, e que les mostró una hendidura de la tierra e dijo que su casa era allá debajo. Destas cosas que ellos nos decían nosotros nos reíamos mucho, burlando dellas, e como ellos vieron que no lo creíamos, trujeron muchos de aquellos que decían que él había tomado y vimos las señales de las cuchilladas que él había dado en los lugares, en la manera que ellos contaban. Nosotros les dijimos que aquél era un malo y de la mejor manera que podimos les dábamos a entender que si ellos creyesen en Dios Nuestro Señor e fuesen cristianos como nosotros, no ternían miedo de aquél, ni él osaría venir a hacerles aquellas cosas, y que tuviesen por cierto que en tanto que nosotros en la tierra estuviésemos él no osaría parecer en ella. Desto se holgaron ellos mucho y perdieron mucha parte del temor que tenían. Estos indios nos dijeron que habían visto al Asturiano y a Figueroa con otros que adelante en la costa estaban, a quien nosotros llamábamos de los higos. Toda esta gente no conoscían los tiempos por el sol, ni la luna, ni tienen cuenta del mes y año, y más entienden y saben las diferencias de los tiempos cuando las frutas vienen a madurar, y en tiempo que muere el pescado, y el aparescer de las estrellas, en que son muy diestros y ejercitados. Con éstos siempre fuimos bien tratados, aunque lo que habíamos de comer lo cavábamos, y traíamos nuestras cargas de agua y leña. Sus casas y mantenimientos son como las de los pasados, aunque tienen muy mayor hambre, porque no alcanzan maíz, ni bellotas, ni nueces. Anduvimos siempre en cueros como ellos y de noche nos cubríamos con cueros de venado. De ocho meses que con ellos estuvimos, los seis padescimos mucha hambre, que tampoco alcanzan pescado. Y al cabo deste tiempo ya las tunas comenzaban a madurar y sin que dellos fuésemos sentidos nos fuimos a otros que adelante estaban, llamados Malicones; éstos estaban una jornada de allí donde yo y el negro llegamos. A cabo de los tres días envié que trajese a Castillo y a Dorantes. Y venidos nos partimos todos juntos con los indios que iban a comer una frutilla de unos árboles, de que se mantienen diez o doce días entre tanto que las tunas vienen. Y allí se juntaron con éstos otros indios que se llaman Arbadaos, y a éstos hallamos muy enfermos y flacos e hinchados, tanto que nos maravillamos mucho, y los indios con quien habíamos venido se volvieron por el mismo camino. Y nosotros les dijimos que nos queríamos quedar con aquéllos, de que ellos mostraron pesar, y así nos quedamos en el campo con aquéllos cerca de aquellas casas. Y cuando ellos nos vieron juntáronse después de haber hablado entre sí, y cada uno dellos tomó el suyo por la mano y nos llevaron a sus casas. Con éstos padescimos más hambre que con los otros, porque en todo el día no comíamos más de dos puños de aquella fruta, la cual estaba verde; tenía tanta leche que nos quemaba las bocas, y con tener falta de agua daba mucha sed a quien la comía. Y como la hambre fuese tanta, nosotros comprámosles dos perros y a trueco dellos les dimos unas redes y otras cosas e un cuero con que yo me cubría. Ya he dicho cómo por toda esta tierra anduvimos desnudos, y como no estábamos acostumbrados a ello, a manera de serpientes mudábamos los cueros dos veces en el año, y con el sol y aire haciánsenos en los pechos e en las espaldas unos empeines muy grandes, de que rescebíamos muy gran pena por razón de las muy grandes cargas que traíamos, que eran muy pesadas y hacían que las cuerdas se nos metían por los brazos. Y la tierra es tan áspera y tan cerrada que muchas veces hacíamos leña en montes, que cuando la acabábamos de sacar nos corría por muchas partes sangre, de las espinas y matas con que topábamos, que nos rompían por donde alcanzaban. A las veces me acontesció hacer leña donde después de haberme costado mucha sangre no la podía sacar, a cuestas, ni arrastrando. No tenía, cuando en estos trabajos me vía, otro remedio ni consuelo sino pensar en la pasión de nuestro redentor Jesucristo y en la sangre que por mí derramó, y considerar cuánto más sería el tormento que de las espinas El padesció, que no aquél que yo entonces sufría. Contrataba con estos indios haciéndoles peines, y con arcos e con flechas e con redes. Hacíamos esteras, que son cosas de que ellos tienen mucha necesidad e aunque lo saben hacer no quieren ocuparse de nada, por buscar entretanto qué comer. Y cuando entienden en esto pasan muy gran hambre. Otras veces me mandaban raer cueros y ablandarlos. Y la mayor prosperidad en que yo allí me vi era el día que me daban a raer alguno, porque yo lo raía muy mucho y comía de aquellas raeduras y aquello me bastaba para dos o tres días. También nos acontesció con éstos y con los que atrás habemos dejado, darnos un pedazo de carne y comérnoslo así crudo, porque si lo pusiéramos a asar, el primer indio que llegaba se lo llevaba y comía; parescíanos que no era bien ponerla en esta ventura, y también nosotros no estábamos tales que nos dábamos pena comerlo asado e no lo podíamos también pasar como crudo. Ésta es la vida que allí tuvimos y aquel poco substentamiento lo ganábamos con los rescates que por nuestras manos hecimos.

CAPÍTULO XXIII
COMO NOS PARTIMOS DESPUÉS DE HABER COMIDO LOS PERROS

Después que comimos los perros, paresciéndonos que teníamos algún esfuerzo para poder ir adelante, encomendándonos a Dios Nuestro Señor para que nos guiase, nos despedimos de aquellos indios y ellos nos encaminaron a otros de su lengua que estaban cerca de allí. E yendo por nuestro camino llovió e todo aquel día anduvimos con agua, y allende desto perdimos el camino e fuimos a parar a un monte muy grande e cogimos muchas hojas de tunas e asámoslas aquella noche en un horno que hecimos, e dímosles tanto fuego que a la mañana estaban para comer. Y después de haberlas comido encomendámonos a Dios y partímonos y hallamos el camino que perdido habíamos. Y pasado el monte hallamos otras casas de indios y llegados allá vimos dos mujeres y mochachos que se espantaron, que andaban por el monte y en vernos huyeron de nosotros y fueron a llamar a los indios que andaban por el monte. Y venidos paráronse a mirarnos detrás de unos árboles, y llamámosles y allegáronse con mucho temor, y después de haberlos hablado nos dijeron que tenían muchas casas dellos propios y dijeron que nos llevarían a ellas. Y aquella noche llegamos adonde había cincuenta casas y se espantaban de vernos y mostraban mucho temor. Y después que estuvieron algo asosegados de nosotros, allegábannos con las manos al rostro y al cuerpo y después traían ellos sus mismas manos por sus caras y sus cuerpos. Y así estuvimos aquella noche y venida la mañana trajéronnos los enfermos que tenían, rogándonos que los santiguásemos, y nos dieron de lo que tenían para comer. Y por el buen tratamiento que nos hacían y porque aquello que tenían nos daban de buena gana y voluntad y holgaban de quedar sin comer por dárnoslo, estuvimos con ellos algunos días. Y estando allí vinieron otros de más adelante. Cuando se quisieron partir dijimos a los primeros que nos queríamos ir con aquéllos. A ellos les pesó mucho y rogáronnos muy ahincadamente que no nos fuésemos, y al fin nos despedimos dellos y los dejamos llorando por nuestra partida, porque les pesaba mucho en gran manera.

CAPÍTULO XXIV
DE LAS COSTUMBRES DE LOS INDIOS DE AQUELLA TIERRA

Desde la isla de Malhado, todos los indios que hasta esta tierra vimos tienen por costumbre desde el día que sus mujeres se sienten preñadas no dormir juntos hasta que pasen dos años que han criado los hijos, los cuales maman hasta que son de edad de doce años, que ya entonces están en edad que por sí saben buscar de comer. Preguntámosles que por qué los criaban así y decían que por la mucha hambre que en la tierra había, que acontescía muchas veces, como nosotros víamos, estar dos o tres días sin comer, e a las veces cuatro, y por esta causa los dejaban mamar porque en los tiempos de hambre no muriesen, e ya que algunos escapasen saldrían muy delicados y de pocas fuerzas. Y si acaso acontesce caer enfermos algunos, déjanlos morir en aquellos campos si no es hijo, y todos los demás, si no pueden ir con ellos, se quedan; mas para llevar un hijo o hermano se cargan y lo llevan a cuestas. Todos éstos acostumbran dejar sus mujeres cuando entre ellos no hay conformidad, y se tornan a casar con quien quieren; esto es entre los mancebos; mas los que tienen hijos permanescen con sus mujeres y no las dejan. Y cuando en algunos pueblos riñen y traban cuestiones unos con otros, apuñéanse y apaléanse hasta que están muy cansados, y entonces se desparten; algunas veces los desparten mujeres entrando entre ellos, que hombres no entran a despartirlos, y por ninguna pasión que tengan no meten en ella arcos, ni flechas. Y desque se han apuñeado y pasado su cuestión, toman sus casas y mujeres y vanse a vivir por los campos y apartados de los otros hasta que se les pasa el enojo. Y cuando ya están desenojados y sin ira, tórnanse a su pueblo y de ahí adelante son amigos como si ninguna cosa hubiera pasado entre ellos, ni es menester que nadie haga las amistades, porque desta manera se hace. Y si los que riñen no son casados vanse a otros sus vecinos y aunque sean sus enemigos los reciben bien y se huelgan mucho con ellos y les dan de lo que tienen, de suerte que cuando es pasado el enojo vuelven a su pueblo y vienen ricos. Toda es gente de guerra y tienen tanta astucia para guardarse de sus enemigos como ternían si fuesen criados en Italia y en continua guerra. Cuando están en parte que sus enemigos los pueden ofender asientan sus casas a la orilla del monte más aspero y de mayor espesura que por allí hallan, y junto a él hacen un foso y en éste duermen. Toda la gente de guerra está cubierta con leña menuda y hacen sus saeteras, y están tan cubiertos y disimulados que aunque estén cabe ellos no los ven. Y hacen un camino muy angosto y entra hasta en medio del monte y allí hacen lugar para que duerman las mujeres y niños, y cuando viene la noche encienden lumbres en sus casas para que si hobiere espías crean que están en ellas. Y antes del alba tornan a encender los mismos fuegos y si acaso, los que están en el foso salen a ellos y hacen desde las trincheras[1] mucho daño sin que los de fuera los vean ni los puedan hallar. Y cuando no hay montes en que ellos puedan desta manera esconderse y hacer sus celadas, asientan en llano en la parte que mejor les paresce y cércanse de trincheras cubiertas con leña menuda y hacen sus saeteras con que flechan a los indios, y estos reparos hacen para de noche. Estando yo con los de Aguenes, no estando avisados vinieron sus enemigos a media noche y dieron en ellos y mataron tres e hirieron otros muchos, de suerte que huyeron de sus casas por el monte adelante, y desque sintieron que los otros se habían ido, volvieron a ellas y recogieron todas las flechas que los otros les habían echado, y lo más encubiertamente que pudieron los siguieron y estuvieron aquella noche sobre sus casas sin que fuesen sentidos, y al cuarto del alba les acometieron y les mataron cinco, sin muchos otros que fueron heridos, y les hicieron huir y dejar sus casas y arcos con toda su hacienda. Y de ahí a poco tiempo vinieron las mujeres de los que se llamaban Quevenes y entendieron entre ellos y los hicieron amigos, aunque algunas veces ellas son principio de la guerra. Todas estas gentes cuando tie-

(1) En la edición de M. Serrano y Sanz, *trincheas.*

nen enemistades particulares, cuando no son de una familia se matan de noche por asechanzas y usan unos con otros grandes crueldades.

CAPÍTULO XXV
COMO LOS INDIOS SON PRESTOS A UN ARMA

Ésta es la más presta gente para un arma de cuantas yo he visto en el mundo, porque si se temen de sus enemigos, toda la noche están despiertos con sus arcos a par de sí y una docena de flechas, y el que duerme tienta su arco y si no le halla en cuerda le da la vuelta que ha menester. Salen muchas veces fuera de las casas, bajando por el suelo de arte que no pueden ser vistos, y miran y atalayan por todas partes para sentir lo que hay, y si algo sienten en un punto son todos en el campo con sus arcos y flechas, y así están hasta el día corriendo a unas partes y otras donde ven que es menester o piensan que pueden estar sus enemigos. Cuando viene el día tornan a aflojar sus arcos hasta que salen a caza. Las cuerdas de los arcos son niervos[1] de venados. La manera que tienen de pelear es abajados por el suelo, y mientra se flechan andan hablando y saltando, siempre de un cabo para otro, guardándose de las flechas de sus enemigos, tanto que en semejantes partes pueden rescebir muy poco daño de ballestas y arcabuces, antes los indios burlan dellos porque estas armas no aprovechan para ellos en campos llanos adonde ellos andan sueltos; son buenas para estrechos y lugares de agua; en todo lo demás los caballos son los que han de sojuzgar y lo que los indios universalmente temen. Quien contra ellos hobiere de pelear ha de estar muy avisado que no le sientan flaqueza, ni cobdicia de lo que tienen. Y mientras durare la guerra hanlos de tratar muy mal, porque si temor les conocen o alguna cobdicia, ella es gente que sabe conoscer tiempos en que vengarse y toman esfuerzo del temor de los contrarios. Cuando se han flechado en la guerra y gastado su munición, vuélvense cada uno su camino sin que los unos sigan a los otros, aunque los unos sean muchos y los otros pocos,

(1) *niervos:* Nervios.

y esta es costumbre suya. Muchas veces se pasan de parte a parte con las flechas y no mueren de las heridas si no toca en las tripas o en el corazón, antes sanan presto. Ven y oyen más y tienen más agudo sentido que cuantos hombres yo creo que hay en el mundo. Son grandes sufridores de hambre y de sed y de frío, como aquellos que están más acostumbrados y hechos a ello que otros. Esto he querido contar porque allende que todos los hombres desean saber las costumbres y ejercicios de los otros, los que algunas veces se vinieren a ver con ellos estén avisados de sus costumbres y ardides, que suelen no poco aprovechar en semejantes casos.

CAPÍTULO XXVI
DE LAS NASCIONES Y LENGUAS

También quiero contar sus nasciones y lenguas que desde la isla de Malhado hasta los últimos hay. En la isla de Malhado hay dos lenguas: los unos llaman de Caoques y a los otros llaman de Han. En la tierra firme, enfrente de la isla, hay otros que se llaman de Chorruco y toman el nombre de los montes donde viven. Adelante, en la costa de la mar habitan otros que se llaman Doguenes. Y enfrente dellos otros que tienen por nombre los de Mendica. Más adelante en la costa están los Quevenes. Y enfrente dellos, dentro en la tierra firme, los Mariames, e yendo por la costa adelante están otros que se llaman Guaycones. Y enfrente destos, dentro en la tierra firme, los Iguaces. Cabo destos están otros que se llaman Atayos, y detrás destos otros Acubadaos, y destos hay muchos por esta vereda adelante. En la costa viven otros llamados Quitoles. Y enfrente destos, dentro en la tierra firme, los Avavares. Con estos se juntan los Maliacones y otros Cutalchiches y otros que se llaman Susolas y otros que se llaman Comos, y adelante en la costa están los Camoles, y en la misma costa adelante otros a quienes nosotros llamamos los de los higos. Todas estas gentes tienen habitaciones y pueblos y lenguas diversas. Entre estos hay una lengua en que llaman a los hombres por mira acá, arre acá; a los perros, jo; en toda la tierra se emborrachan con un humo y dan cuanto tienen por él[1]. Beben también otra cosa que sacan de las hojas de los árboles como la encima, y tuéstanla en unos botes al fuego y después que la tienen tostada hinchen el bote de agua y así lo tienen sobre el fuego, y cuando ha hervido dos veces échanle en una vasija y están enfriándola con media calabaza y cuando está con mucha espuma bébenla tan caliente cuanto pueden sufrir, y desde que la sacan del bote hasta que la

(1) El tabaco se solía mezclar con otras hierbas estupefacientes.

beben están dando voces diciendo que ¿quién quiere beber? Y cuando las mujeres oyen estas voces luego se paran sin osarse mudar, y aunque estén mucho cargadas no osan hacer otra cosa. Y si acaso alguna dellas se mueve, la deshonran y la dan de palos y con muy gran enojo derraman el agua que tienen para beber, y la que han bebido la tornan a lanzar, lo cual ellos hacen muy ligeramente y sin pena alguna. La razón de la costumbre dan ellos y dicen: que si cuando ellos quieren beber aquella agua las mujeres se mueven de donde les toma la voz, que en aquella agua se les mete en el cuerpo una cosa mala y que dende a poco les hace morir. Y todo el tiempo que el agua está cociendo ha de estar el bote atapado. Y si acaso está desatapado y alguna mujer pasa, lo derraman y no beben más de aquella agua; es amarilla, y están bebiéndola tres días sin comer, y cada día bebe cada uno arroba y media della. Y cuando las mujeres están con su costumbre[2] no buscan de comer más de para sí solas, porque ninguna otra persona come de lo que ella trae. En el tiempo que así estaba entre éstos vi una diablura y es que vi un hombre casado con otro, y éstos son unos hombres amariconados,[3] impotentes, y andan tapados como mujeres y hacen oficio de mujeres y tiran arco y llevan muy gran carga; y entre éstos vimos muchos dellos así amariconados como digo, y son más membrudos que los otros hombres y más altos; sufren muy grandes cargas.

---

(2) Referencia al tabú de la menstruación, muy común en las sociedades primitivas.
(3)En la edición de M. Serrano y Sanz, *amarionados.*

CAPÍTULO XXVII

DE COMO NOS MUDAMOS Y FUIMOS BIEN RECIBIDOS

Después que nos partimos de los que dejamos llorando fuímonos con los otros a sus casas, y de los que en ellas estaban fuimos bien rescibidos y trujeron sus hijos para que les tocásemos las manos, y dábannos mucha harina de mezquiquez. Este mezquiquez es una fruta que cuando está en el árbol es muy amarga y es de la manera de algarrobas y cómese con tierra y con ella está dulce y bueno de comer. La manera que tienen con ella es ésta: que hacen un hoyo en el suelo, de la hondura que cada uno quiere, y después de echada la fruta en este hoyo, con un palo tan gordo como la pierna y de braza y media en largo la muelen hasta muy·molida, y demás que se le pega de la tierra del hoyo traen otros puños y échanla en el hoyo y tornan otro rato a moler, y después échanla en una vasija de madera de una espuerta y échanle tanta agua que basta a cubrirla de suerte que quede agua por cima, y el que la ha molido pruébala y si le parece que no está dulce pide tierra y revuélvela con ella, y esto hace hasta que la halla dulce, y asiéntanse todos alrededor y cada uno mete la mano y saca lo que puede, y las pepitas dellas tornan a echar sobre unos cueros, y las cáscaras. Y el que lo ha molido las coge y las torna a echar en aquella espuerta y echa agua como de primero y tornan a exprimir el zumo y agua que dello sale, y las pepitas y cáscaras tornan a poner en el cuero, y desta manera hacen tres o cuatro veces cada moledura. Y los que en este banquete, que para ellos es muy grande, se hallan, quedan las barrigas muy grandes de la tierra y agua que han bebido. Y desto nos hicieron los indios muy gran fiesta y hobo entre ellas muy grandes bailes y areitos en tanto que allí estuvimos. Y cuando de noche dormíamos a la puerta del rancho donde estábamos, nos velaban a cada uno de nosotros seis hombres con gran cuidado, sin que nadie nos osase entrar dentro hasta que el sol era salido. Cuando nosotros nos quisimos partir dellos llegaron allí unas mujeres de otros que vivían adelante, e informados dellas dónde estaban aquellas casas nos partimos para allá, aunque ellos nos rogaron mucho que por aquel día nos detuviésemos, porque las casas adonde íbamos estaban lejos y no había camino para ellas, y que aquellas mujeres venían cansadas, y descansando otro día se irían con nosotros y nos guiarían; y ansí nos despedimos. Y dende a poco las mujeres que habían venido, con otras del mismo pueblo, se fueron tras nosotros; mas como por la tierra no había caminos, luego nos perdimos y ansí anduvimos cuatro leguas y al cabo dellas llegamos a beber a un agua adonde hallamos las mujeres que nos seguían y nos dijeron el trabajo que habían pasado por alcanzarnos. Partimos de allí llevándolas por guía y pasamos un río cuando ya vino la tarde, que nos daba el agua a los pechos; sería tan ancho como el de Sevilla y corría muy mucho. Y a puesta de sol llegamos a cien casas de indios y antes que llegásemos salió toda la gente que en ellas había a rescebirnos, con tanta grita que era espanto, y dando en los muslos grandes palmadas; traían las calabazas horadadas, con piedras dentro, que es la cosa de mayor fiesta y no las sacan sino a bailar, o para curar, ni las osa nadie tomar sino ellos, y dicen que aquella calabazas tienen virtud y que vienen del cielo, porque por aquella tierra no las hay, ni saben donde las haya, sino que las traen los ríos cuando vienen de avenida. Era tanto el miedo y turbación que éstos tenían, que por llegar más presto los unos que los otros a tocarnos nos apretaron tanto que por poco nos hobieran de matar, y sin dejarnos poner los pies en el suelo nos llevaron a sus casas, y tantos cargaban sobre nosotros y de tal manera nos apretaban que nos metimos en las casas que nos tenían hechas, y nosotros no consentimos en ninguna manera que aquella noche hiciesen más fiesta con nosotros. Toda aquella noche pasaron entre sí en areitos y bailes, y otro día de mañana nos trajeron toda la gente de aquel pueblo para que los tocásemos y santiguásemos como habíamos hecho a los otros con quien habíamos estado. Y después desto hecho dieron muchas flechas a las mujeres del otro pue-

112

blo que habían venido con las suyas. Otro día partimos de allí y toda la gente del pueblo fue con nosotros y como llegamos a otros indios fuimos bien rescebidos, como de los pasados, y ansí nos dieron de lo que tenían y los venados que aquel día habían muerto. Y entre éstos vimos una nueva costumbre y es que los que venían a curarse, los que con nosotros estaban les tomaban el arco y las flechas y zapatos y cuentas, si las traían, y después de haberlas tomado nos las traían delante de nosotros para que los curásemos, y curados se iban muy contentos diciendo que estaban sanos. Así nos partimos de aquellos y nos fuimos a otros de quien fuimos muy bien rescebidos y nos trajeron sus enfermos, que santiguándolos decían que estaban sanos, y el que no sanaba creía que podíamos sanarle, y con lo que los otros que curábamos les decían, hacían tantas alegrías y bailes que no nos dejaban dormir.

CAPÍTULO XXVIII
DE OTRA NUEVA COSTUMBRE

Partidos destos fuimos a otras muchas casas y desde aquí comenzó otra nueva costumbre, y es que recibiéndonos muy bien, que los que iban con nosotros los comenzaron a hacer tanto mal que les tomaban las haciendas y les saqueaban las casas sin que otra cosa ninguna les dejasen; desto nos pesó mucho, por ver el mal tratamiento que a aquellos que tan bien nos rescebían se hacía. Y también porque temíamos que aquello sería o causaría alguna alteración y escándalo entre ellos; mas como no éramos parte para remediarlo, ni para osar castigar los que esto hacían, y hobimos por entonces de sufrir hasta que más autoridad entre ellos tuviésemos, y también los indios mismos que perdían la hacienda, conosciendo nuestra tristeza nos consolaron diciendo que de aquello no rescibiésemos pena, que ellos estaban tan contentos de habernos visto que daban por bien empleadas sus haciendas, y que adelante serían pagados de otros, que estaban ricos. Por todo este camino teníamos muy gran trabajo por la mucha gente que nos seguía, y no podíamos huir della aunque lo procurábamos, porque era muy grande la priesa que tenían por llegar a tocarnos, y era tanta la importunidad de ellos sobre esto, que pasaban tres horas que no podíamos acabar con ellos que nos dejasen. Otro día nos trajeron toda la gente del pueblo, y la mayor parte dellos son tuertos de nubes[1], y otros dellos son ciegos dellas mismas, de que estábamos espantados. Son muy bien dispuestos y de muy buenos gestos, más blancos que otros ninguno de cuantos hasta allí habíamos visto. Aquí empezamos a ver sierras y parescía que venían seguidas de hacia el mar del Norte, y así, por la relación que los indios desto nos dieron, creemos que están quin-

(1) *nubes:* Mancha blanquecina que se forma en la capa exterior de la córnea del ojo.

ce leguas de la mar. De aquí nos partimos con estos indios hacia estas sierras que decimos, y llevánronnos por donde estaban unos parientes suyos, porque ellos no nos querían llevar sino por do habitaban sus parientes, y no querían que sus enemigos alcanzasen tanto bien como les parescía que era vernos. Y cuando fuimos llegados, los que con nosotros iban saquearon a los otros, y como sabían la costumbre, primero que llegásemos escondieron algunas cosas y después que nos hobieron rescebido con mucha fiesta y alegría sacaron lo que habían escondido y viniéronnoslo a presentar. Y esto era cuentas y almagra y algunas taleguillas de plata. Nosotros, según la costumbre, dímoslo luego a los indios que con nos venían, y cuando nos lo hobieron dado comenzaron sus bailes y fiestas y enviaron a llamar otros de otro pueblo que estaba cerca de allí, para que nos viniesen a ver, y a la tarde vinieron todos y nos trajeron cuentas y arcos y otras cosillas que también repartimos. Y otro día, queriéndonos partir, toda la gente nos quería llevar a otros amigos suyos que estaban a la punta de las sierras, y decían que allí había muchas casas y gente e que nos dirían muchas cosas; mas por ser fuera de nuestro camino no quisimos ir a ellos y tomamos por lo llano cerca de las sierras, las cuales creíamos que no estaban lejos de la costa. Toda la gente della es muy mala, y teníamos por mejor de atravesar la tierra, porque la gente que está más metida adentro es más bien acondicionada y tratábannos mejor, y teníamos por cierto que hallaríamos la tierra más poblada y de mejores mantenimientos. Lo último, hacíamos esto porque atravesando la tierra víamos muchas particularidades della, porque si Dios Nuestro Señor fuese servido de sacar alguno de nosotros y traerlo a tierra de cristianos, pudiese dar nuevas y relación della. Y como los indios vieron que estábamos determinados de no ir por donde ellos nos encaminaban, dijéronnos que por donde nos queríamos ir no había gente, ni tunas, ni otra cosa alguna que comer, y rogáronnos que estuviésemos allí aquel día, y ansí lo hecimos. Luego ellos enviaron dos indios para que buscasen gente por aquel camino que queríamos ir, y otro día nos partimos llevando con nosotros muchos dellos, y las mujeres iban cargadas de agua, y era tan grande entre ellos nuestra autoridad que ninguno osaba beber sin nuestra licencia. Dos leguas de allí topamos los indios que habían ido a buscar la gente e dijeron que no la hallaban, de lo cual los indios mostraron pesar y tornáronnos a rogar que nos fuésemos por la sierra. No lo quesimos hacer, y ellos, como vieron nuestra voluntad, aunque con mucha tristeza se despidieron de nosotros e se volvieron el río abajo a sus casas. Y nosotros caminamos por el río arriba y desde a un poco topamos dos mujeres cargadas que como nos vieron pararon y descargáronse e trajéronnos de lo que llevaban, que era harina de maíz, y nos dijeron que adelante en aquel río hallaríamos casas y muchas tunas y de aquella harina. Y ansí nos despedimos dellas porque iban a los otros donde habíamos partido. Y anduvimos hasta puesta del sol y llegamos a un pueblo de hasta veinte casas, donde nos rescibieron llorando y con grande tristeza porque sabían ya que adonde quiera que llegábamos eran todos saqueados y robados de los que nos acompañaban, y como nos vieron solos perdieron el miedo y diéronnos tunas y no otra cosa ninguna. Estuvimos allí aquella noche, y al alba, los indios que nos habían dejado el día pasado, dieron en sus casas. Y como los tomaron descuidados y seguros tomáronles cuanto tenían, sin que tuviesen lugar donde asconder ninguna cosa, de que ellos lloraron mucho, y los robadores, para consolarles los decían que éramos hijos del Sol y que teníamos poder para sanar los enfermos y para matarlos, y otras mentiras aún mayores que éstas. Como ellos las saben mejor hacer cuando sienten que les conviene, y dijéronles que nos llevasen con mucho acatamiento y tuviesen cuidado de no enojarnos en ninguna cosa y que nos diesen todo cuanto tenían y procurasen de llevarnos donde había mucha gente, y que donde llegásemos robasen ellos y saqueasen lo que los otros tenían porque así era costumbre.

CAPÍTULO XXIX
DE COMO SE ROBABAN LOS UNOS A LOS OTROS

Después de haberlos informado y señalado bien lo que habían de hacer, se volvieron y nos dejaron con aquéllos, los cuales, teniendo en la memoria lo que los otros les habían dicho nos comenzaron a tratar con aquel mismo temor y reverencia que los otros, e fuimos con ellos tres jornadas y lleváronnos adonde había mucha gente. Y antes que llegásemos a ellos avisaron cómo íbamos y dijeron de nosotros todo lo que los otros les habían enseñado y añadiendo mucho más, porque toda esta gente de indios son grandes amigos de novelas[1] y muy mentirosos, mayormente donde pretenden algún interese. Y cuando llegamos cerca de las casas salió toda la gente a rescebirnos con mucho placer y fiesta, y entre otras cosas, dos físicos dellos nos dieron dos calabazas, y de aquí comenzamos a llevar calabazas con nosotros y añadimos a nuestra autoridad esta cerimonia que para con ellos es muy grande. Los que nos habían acompañado saquearon las casas, mas como eran muchas y ellos pocos no pudieron llevar todo cuanto tomaron y más de la mitad dejaron perdido, y de aquí por la falda de la sierra nos fuimos metiendo por la tierra adentro más de cincuenta leguas y al cabo dellas hallamos cuarenta casas, y entre otras cosas que nos dieron hobo Andrés Dorantes un cascabel gordo grande de cobre y en él figurado un rostro, y esto mostraban ellos que lo tenían en mucho y les dijeron que lo habían habido de otros vecinos, e preguntándoles que dónde habían habido aquéllos, dijéronles que lo habían traido de hacia el Norte y que allí había mucho y era tenido en gran estima, y entendimos que do quiera que aquello había venido había fundición y se labraba de vaciado. Y con esto nos partimos otro día y atravesamos una sierra de siete leguas y las piedras della eran de escorias de

(1) *novelas:* Ficciones, mentiras.

119

hierro, y a la noche llegamos a muchas casas que estaban asentadas a la ribera de un muy hermoso río y los señores dellas salieron a medio camino a rescebirnos con sus hijos a cuestas y nos dieron muchas taleguillas de margajita[2] y de alcohol molido[3], con esto se untan ellos la cara; y dieron muchas cuentas y muchas mantas de vacas y cargaron a todos los que venían con nosotros de todo cuanto ellos tenían. Comían tunas e piñones; hay por aquella tierra pinos chicos y las piñas dellos son como huevos pequeños, mas los piñones son mejores que los de Castilla, porque tienen las cáscaras muy delgadas y cuando están verdes muélenlos y hácenlos pellas[4] y ansí los comen, y si están secos los muelen con cáscaras y los comen hechos polvos. Y los que por allí nos rescebían, desque nos habían tocado volvían corriendo hasta sus casas y luego daban vuelta a nosotros y no cesaban de correr yendo y viniendo. Desta manera traíamos muchas cosas para el camino. Aquí me trajeron un hombre e me dijeron que había mucho tiempo que le habían herido con una flecha por el espalda derecha, y tenía la punta de la flecha sobre el corazón; decía que le daba mucha pena e que por aquella causa siempre estaba enfermo. Yo le toqué y sentí la punta de la flecha y ví que la tenía atravesada por la ternilla, y con un cuchillo que tenía le abrí el pecho hasta aquel lugar y vi que tenía la punta atravesada y estaba muy mala de sacar; torné a cortar más y metí la punta del cuchillo y con gran trabajo en fin la saqué. Era muy larga y con un hueso de venado; usando de mi oficio de medicina le dí dos puntos, y dados se me desangraba, y con raspa de un cuero le estanqué la sangre e cuando hube sacado la punta pidiéronmela y yo se la di y el pueblo todo vino a verla y la enviaron por la tierra adentro para que la viesen los que allá estaban, y por esto hicieron muchos bailes y fiestas como ellos suelen hacer. Y otro le corté los dos puntos al indio y estaba sano y no parescía la herida que le había hecho sino como una raya de la palma de la mano, y dijo que no sentía dolor ni pena alguna. Y esta cura

(2) *margajita:* Polvillos de pirita. En la edición de Serrano y Sanz, *margarita.*
(3) *alcohol:* Polvo negro muy fino, hecho con antimonio a galena.
(4) *pellas:* Masas de forma redondeada.

nos dio entre ellos tanto crédito por toda la vida cuanto ellos podían y sabían estimar y encarescer. Mostrámosles aquel cascabel que traíamos y dijéronnos que en aquel lugar de donde aquél había venido había muchas plantas de aquello enterradas, y que aquello era cosa que ellos tenían en mucho, y había casas de asiento, y esto creemos nosotros que es la mar del Sur, que siempre tuvimos noticia que aquella mar es más rica que la del Norte. Destos nos partimos y anduvimos por tantas suertes de gentes y de tan diversas lenguas que no basta memoria a poderlas contar. Y siempre saqueaban los unos a los otros y así los que perdían como los que ganaban quedaban muy contentos. Llevábamos tanta compañía que en ninguna manera podíamos valernos con ellos. Por aquellos valles donde íbamos cada uno dellos llevaba un garrote tan largo como tres palmos y todos iban en ala y en saltando alguna liebre (que por allí había hartas[5]) cercábanla luego y caían tantos garrotes sobre ella que era cosa de maravilla, y desta manera la hacían andar de unos para otros, que a mi ver era la más hermosa caza que se podía pensar, porque muchas veces ellas se venían hasta las manos, y cuando a la noche parábamos eran tantas las que nos habían dado que traía cada uno de nosotros ocho o diez cargas dellas. Y los que traían arcos no parescían delante de nosotros, antes se apartaban por la sierra a buscar venados y a la noche cuando venían traían para cada uno de nosotros cinco o seis venados, y pájaros y codornices y otras cazas; finalmente, todo cuanto aquella gente hallaban y mataban nos lo ponían delante, sin que ellos osasen tomar ninguna cosa aunque muriesen de hambre, que así lo tenían ya por costumbre después que andaban con nosotros, y sin que primero lo santiguásemos, y las mujeres traían muchas esteras de que ellos nos hacían casas, para cada uno la suya aparte, y con toda su gente conoscida, y cuando esto era hecho mandábamos que asasen aquellos venados y liebres y todo lo que habían tomado, y esto también se hacía muy presto en unos hornos que para esto ellos hacían, y de todo ello nosotros tomábamos un poco y lo otro dábamos al principal de la gente que con nosotros venía, mandándole que

(5) *hartas:* Bastantes.

121

lo repartiese entre todos. Cada uno con la parte que le cabía venían a nosotros para que la soplásemos y santiguásemos, que de otra manera no osaran comer della, y muchas veces traíamos con nosotros tres o cuatro mil personas y era tan grande nuestro trabajo que a cada uno habíamos de soplar y santiguar lo que habían de comer y beber, y para otras muchas cosas que querían hacer nos venían a pedir licencia, de que se puede ver que tanta importancia rescebíamos. Las mujeres nos traían las tunas y arañas y gusanos y lo que podían haber, porque aunque se muriesen de hambre ninguna cosa habían de comer sin que nosotros la diésemos. E yendo con éstos pasamos un gran río que venía del Norte y pasados unos llanos de treinta leguas hallamos mucha gente que de lejos de allí venía a rescebirnos, y salían al camino por donde habíamos de ir y nos rescibieron de la manera de los pasados.

CAPÍTULO XXX
DE COMO SE MUDÓ LA COSTUMBRE DEL RESCEBIRNOS

Desde aquí hubo otra manera de rescebirnos, en cuanto toca al saquearse, porque los que salían de los caminos a traernos alguna cosa, a los que con nosotros venían no los robaban, mas después de entrados en sus casas ellos mismos nos ofrescían cuanto tenían y las casas con ello: nosotros las dábamos a los principales para que entre ellos las partiesen, y siempre los que quedaban despojados nos seguían, de donde crescía mucha gente para satisfacerse de su pérdida y decíanles que se guardasen y no escondiesen cosa alguna de cuantas tenían, porque no podía ser sin que nosotros lo supiésemos y haríamos luego que todos muriesen, porque el Sol nos lo decía. Tan grandes eran los temores que les ponían, que los primeros días que con nosotros estaban nunca estaban sino temblando, e sin osar hablar, ni alzar los ojos al cielo. Éstos nos guiaron por más de cincuenta leguas de despoblado de muy ásperas sierras, y por ser tan secas no había caza en ellas y por esto pasamos mucha hambre, y al cabo un río muy grande, que el agua nos daba hasta los pechos, y desde aquí nos comenzó mucha de la gente que traíamos a adolescer, de la mucha hambre y trabajo que por aquellas sierras habían pasado, que por extremo eran agras[1] y trabajosas. Estos mismos nos llevaron a unos llanos al cabo de las sierras, donde venían a rescebirnos de muy lejos de allí y nos rescibieron como los pasados e dieron tanta hacienda a los que con nosotros venían, que por no poderla llevar dejaron la mitad y dijimos a los indios que lo habían dado que lo tornasen a tomar y lo llevasen porque no quedase allí perdido. Y respondieron que en ninguna manera lo harían, porque no era su costumbre después de haber una vez ofrescido, tornarlo a tomar, y así no lo teniendo en nada lo dejaron todo perder. A és-

[1] *agras:* Agrias, agrestes.

tos dijimos que queríamos ir a la puesta del sol. Y ellos respondiéronnos que por allí estaba la gente muy lejos. Y nosotros les mandábamos que enviasen a hacerles saber cómo nosotros íbamos allá, y desto se excusaron lo mejor que ellos podían porque ellos eran sus enemigos y no querían que fuésemos a ellos, mas no osaron hacer otra cosa. Y así enviaron dos mujeres, una suya y otra que dellos tenían captiva, y enviaron éstas porque las mujeres pueden contratar aunque haya guerra. Y nosotros las seguimos e paramos en un lugar donde estaba concertado que las esperásemos, mas ellas tardaron cinco días y los indios decían que no debían de hallar gente. Dijímosles que nos llevasen hacia el Norte; respondieron de la misma manera, diciendo que por allí no había gente, sino muy lejos, e que no había qué comer, ni se hallaba agua. Y con todo esto nosotros porfiamos y dijimos que por allí queríamos ir, y ellos todavía se excusaban de la mejor manera que podían y por esto nos enojamos e yo salí una noche a dormir en el campo, apartado dellos, mas luego fueron donde yo estaba y toda la noche estuvieron sin dormir y con mucho miedo y hablándome y diciéndome cuán atemorizados estaban, rogándonos que no estuviésemos más enojados e que aunque ellos supiesen morir en el camino nos llevarían por donde nosotros quisiéramos ir. Y como nosotros todavía fingíamos estar enojados y porque su miedo no se quitase, suscedió una cosa extraña, y fue que este día mismo adolescieron muchos dellos y otro día siguiente murieron ocho hombres. Por toda la tierra donde esto se supo hobieron tanto miedo de nosotros que parescía en vernos que de temor habían de morir. Rogáronnos que no estuviésemos enojados, ni quisiésemos que más dellos muriesen, y tenían por muy cierto que nosotros los matábamos con solamente quererlo. Y a la verdad nosotros rescebíamos tanta pena desto que no podía ser mayor, porque allende de ver los que morían temíamos que no muriesen todos, o nos dejasen solos, de miedo, y todas las otras gentes de ahí adelante hiciesen lo mismo viendo lo que a éstos había acontescido. Rogamos a Dios Nuestro Señor que lo remediase, y ansí comenzaron a sanar todos aquellos que habían enfermado. Y vimos una cosa que fue de grande admiración, que los padres y hermanos y mujeres de los que murieron, de verlos en aquel estado tenían gran pena, y después de muertos ningún sentimiento hicieron, ni los vimos llorar, ni hablar unos con otros, ni hacer otra ninguna muestra, ni osaban llegar a ellos hasta que nosotros los mandábamos llevar a enterrar. Y más de quince días que con aquéllos estuvimos a ninguno vimos hablar uno con otro, ni los vimos reir, ni llorar a ninguna criatura, antes porque una lloró la llevaron muy lejos de allí y con unos dientes de ratón, agudos, la sajaron desde los hombros hasta casi todas las piernas. E yo, viendo esta crueldad y enojado dello les pregunté que por qué lo hacían, e respondiéronme que para castigarla porque había llorado delante de mí. Todos estos temores que ellos tenían ponían a todos los otros que nuevamente venían a conoscernos, a fin que nos diesen todo cuanto tenían, porque sabían que nosotros no tomábamos nada y lo habíamos de dar todo a ellos. Ésta fue la más obediente gente que hallamos por esta tierra, y de mejor condición, y comúnmente son muy dispuestos. Convalescidos los dolientes e ya que había tres días que estábamos allí llegaron las mujeres que habíamos enviado, diciendo que habían hallado muy poca gente y que todos habían ido a las vacas, que era en tiempo dellas. Y mandamos a los que habían estado enfermos que se quedasen, y los que estuviesen buenos fuesen con nosotros, y que dos jornadas de allí aquellas mismas dos mujeres irían con dos de nosotros a sacar gente y traerla al camino para que nos rescibiesen, e con esto otro día de mañana todos los que más recio estaban partieron con nosotros e a tres jornadas paramos, y el siguiente día partió Alonso del Castillo con Estebanico el negro llevando por guía las dos mujeres, e la que dellas era captiva los llevó a un río que corría entre unas sierras, donde estaba un pueblo en que su padre vivía, y éstas fueron las primeras casas que vimos que tuviesen parescer y manera dello. Aquí llegaron Castillo y Estebanico y después de haber hablado con los indios, a cabo de tres días vino Castillo adonde nos había dejado y trajo cinco o seis de aquellos indios y dijo cómo había hallado casas de gente e de asiento y que aquella gente comía frísoles y calabazas, y que había visto maíz. Ésta fue la cosa del mundo que más nos alegró y por ello dimos infinitas gracias a Nuestro Señor. Y dijo que el negro vernía con toda la gente de las casas a esperar al camino cerca de allí. Y por esta causa partimos y andada legua y media topamos con el negro y la gente que venían a rescebirnos, y nos dieron frísoles y muchas calabazas para comer e para traer agua, y mantas de vacas y otras cosas. Y como estas gentes y las que con nosotros venían eran enemigos y no se entendían, partímonos de los primeros dándoles lo que nos habían dado, e fuímonos con éstos y a seis leguas de allí, ya que venía la noche llegamos a sus casas, donde hicieron muchas fiestas con nosotros. Aquí estuvimos un día y el siguiente nos partimos y llevámoslos con nosotros a otras casas de asiento donde comían lo mismo que ellos. Y de ahí adelante hubo otro nuevo uso, que los que sabían de nuestra ida no salían a rescebirnos a los caminos, como los otros hacían, antes los hallábamos en sus casas y tenían hechas otras para nosotros, y estaban todos asentados y todos tenían vueltas las caras hacia la pared y las cabezas bajas y los cabellos puestos delante de los ojos y su hacienda puesta en montón en medio de la casa. Y de aquí adelante comenzaron a darnos muchas mantas de cueros y no tenían cosa que no nos diesen. Es la gente de mejores cuerpos que vimos y de mayor viveza e habilidad y que mejor nos entendían y respondían en lo que preguntábamos, y llamámoslos de las vacas, porque la mayor parte que dellas mueren es cerca de allí, y por aquel río arriba más de cincuenta leguas van matando muchas dellas. Esta gente andan del todo desnudos a la manera de los primeros que hallamos. Las mujeres andan cubiertas con unos cueros de venado, y algunos pocos de hombres, señaladamente los que son viejos que no sirven para la guerra. Es tierra muy poblada. Preguntámosles cómo no sembraban maíz; respondiéronnos que lo hacían por no perder lo que sembrasen, porque dos años arreo[2] les habían faltado las aguas y había sido el tiempo tan seco que a todos les habían perdido los maíces los topos, e que no osarían tornar a sembrar sin que primero hobiese llovido mucho, y rogábannos que dijésemos al cielo que

(2) *dos años arreo.* Dos años seguidos.

126

lloviese y se lo rogásemos, y nosotros se lo prometimos de hacerlo ansí. También nosotros quesimos saber de dónde habían traído aquel maíz, y ellos nos dijeron que de donde el sol se ponía, e que lo había por toda aquella tierra, mas que lo más cerca de allí era por aquel camino. Preguntámosles por dónde iríamos bien y que nos informasen del camino, porque no querían ir allá. Dijéronnos que el camino era por aquel río arriba hacia el Norte, e que en diez y siete jornadas no hallaríamos otra cosa ninguna que comer sino una fruta que llaman chacán y que la machucan entre unas piedras y aún después de hecha esta diligencia no se puede comer, de áspera y seca, y así era la verdad, porque allí nos lo mostraron y no lo podimos comer. Y dijéronnos también que entre tanto que nosotros fuésemos por el río arriba iríamos siempre por gente que eran sus enemigos y hablaban su misma lengua, y que no tenían que darnos cosa a comer, mas que nos rescibirían de muy buena voluntad y que nos darían muchas mantas de algodón y cueros y otras cosas de las que ellos tenían; mas que todavía les parescía que en ninguna manera no debíamos tomar aquel camino. Dubdando lo que haríamos y cuál camino tomaríamos que más a nuestro propósito y provecho fuese, nosotros nos detuvimos con ellos dos días. Dábannos a comer frísoles y calabazas; la manera de cocerlas es tan nueva que por ser tal yo la quise aquí poner para que se vea y se conozca cuán diversos y extraños son los ingenios e industrias de los hombres humanos. Ellos no alcanzan ollas, y para cocer lo que ellos quieren comer hinchan media calabaza grande de agua y en el fuego echan muchas piedras de las que más fácilmente ellos pueden encender y toman el fuego, y cuando ven que están ardiendo tómanlas con unas tenanazas de palo y échanlas en aquella agua que está en la calabaza hasta que la hacen hervir con el fuego que las piedras llevan, y cuando ven que el agua hierve echan en ella lo que han de cocer, y en todo este tiempo no hacen sino sacar unas piedras y echar otras ardiendo para que el agua hierva para cocer lo que quieren, y así lo cuecen.

CAPÍTULO XXXI
DE COMO SEGUIMOS EL CAMINO DEL MAÍZ

Pasados dos días que allí estuvimos determinamos de ir a buscar el maíz y no quesimos seguir el camino de las vacas porque es hacia el Norte. Y esto era para nosotros muy gran rodeo, porque siempre tuvimos por cierto que yendo la puesta del sol habíamos de hallar lo que deseábamos, y ansí seguimos nuestro camino y atravesamos toda la tierra hasta salir a la mar del Sur, e no bastó estorbarnos esto el temor que nos ponían de la mucha hambre que habíamos de pasar (como a la verdad la pasamos) por todas las diez y siete jornadas que nos habían dicho. Por todas ellas, el río arriba, nos dieron muchas mantas de vacas, y no comimos de aquella su fruta, mas nuestro mantenimiento era cada día tanto como una mano de unto de venado que para estas necesidades procurábamos siempre de guardar. Y ansí pasamos todas las diez y siete jornadas y al cabo dellas travesamos el río y caminamos otras diez y siete. A la puesta del sol, por unos llanos y entre unas sierras muy grandes que allí se hacen, allí hallamos una gente que la tercera parte del año no comen sino unos polvos de paja, y por ser aquel tiempo cuando nosotros por allí caminamos, hobímoslo también de comer, hasta que acabadas estas jornadas hallamos casas de asiento adonde había mucho maíz allegado, y dello y de su harina nos dieron mucha cantidad, y de calabazas y frísoles e mantas de algodón, y de todo cargamos a los que allí nos habían traído e con esto se volvieron los más contentos del mundo. Nosotros dimos muchas gracias a Dios Nuestro Señor por habernos traído allí, adonde habíamos hallado tanto mantenimiento. Entre estas casas había algunas dellas que eran de tierra, y las otras todas son de esteras de cañas; y de aquí pasamos más de cien leguas de tierra y siempre hallamos casas de asiento y mucho mantenimiento de maíz y frísoles. Y dábannos muchos venados y muchas mantas de algodón mejores que las de la Nueva España. Dábannos también muchas cuentas y de unos corales que hay en la mar del Sur, muchas turquesas muy buenas que tienen de hacia el Norte, y finalmente dieron aquí todo cuanto tenían y a mí me dieron cinco esmeraldas hechas puntas de flechas, y con estas flechas hacen ellos sus areitos y bailes. Y paresciéndome a mí que eran muy buenas les pregunté que dónde las habían habido, e dijeron que las traían de unas sierras muy altas que están hacia el Norte y las compraban a trueco de penachos y plumas de papagayos, y decían que había allí pueblos de mucha gente y casas muy grandes. Entre éstos vimos las mujeres mas honestamente tratadas que a ninguna parte de Indias que hobiésemos visto. Traen unas camisas de algodón que llegan hasta las rodillas e unas medias mangas encima dellas, de unas faldillas de cuero de venado sin pelo, que tocan en el suelo, e enjabónanlas con unas raíces que alimpian mucho y ansí las tienen muy bien tratadas; son abiertas por delante y cerradas con unas correas; andan calzados con zapatos. Toda esta gente venían a nosotros a que los tocásemos y santiguásemos y eran en esto tan importunos que con gran trabajo lo sufríamos, porque dolientes y sanos todos querían ir santiguados. Acontescía muchas veces que de las mujeres que con nosotros iban parían algunas, y luego en nasciendo nos traían la criatura a que la santiguásemos y tocásemos. Acompañábannos siempre hasta dejarnos entregados a otros, y entre todas estas gentes se tenía por muy cierto que veníamos del cielo. Entre tanto que con éstos anduvimos caminamos todo el día sin comer hasta la noche, y comíamos tan poco que ellos se espantaban de verlo. Nunca nos sintieron cansancio y a la verdad nosotros estábamos tan hechos al trabajo que tampoco lo sentíamos. Teníamos con ellos mucha autoridad y gravedad y para conservar esto les hablábamos pocas veces. El negro les hablaba siempre, se informaba de los caminos que queríamos ir y los pueblos que había y de las cosas que queríamos saber. Pasamos por gran número y diversidades de lenguas; con todas ellas Dios Nuestro Señor nos favoresció, porque siempre nos entendieron y les entendimos. Y ansí preguntábamos y respondían por señas como si ellos hablaran nuestra lengua y nosotros la suya, porque aunque sabíamos seis lenguas no nos podíamos en todas partes aprovechar dellas porque hallamos más de mil diferencias. Por todas estas tierras los que tenían guerras con los otros se hacían luego amigos para venirnos a rescebir y traernos todo cuanto tenían, y desta manera dejamos toda la tierra en paz. Y dijímosles por las señas por que nos entendían que en el cielo había un hombre que llamábamos Dios, el cual había criado al cielo y la tierra, y que éste adorábamos nosotros y teníamos por Señor y que hacíamos lo que nos mandaba y que de su mano venían todas las cosas buenas, y que si ansí ellos lo hiciesen les iría muy bien dello. Y tan grande aparejo hallamos en ellos, que si lengua hobiera con que perfectamente nos entendiéramos, todos los dejáramos cristianos. Esto les dimos a entender lo mejor que podimos e de ahí adelante cuando el sol salía con muy gran grita abrían las manos juntas al cielo y después las traían por todo su cuerpo, y otro tanto hacían cuando se ponía. Es gente bien acondicionada y aprovechada y para seguir cualquiera cosa bien aparejada.

CAPÍTULO XXXII
DE COMO NOS DIERON LOS CORAZONES DE LOS VENADOS

En el pueblo donde nos dieron las esmeraldas dieron a Dorantes más de seiscientos corazones de venado, abiertos, de que ellos tienen siempre mucha abundancia para su mantenimiento, y por esto le pusimos nombre el pueblo de los Corazones, y por él es la entrada para muchas provincias que están a la mar del Sur, y si los que la fueren a buscar por aquí no entraren, se perderán, porque la costa no tiene maíz y comen polvo de bledo y de paja y de pescado que toman en el mar con balsas, porque no alcanzan canoas. Las mujeres cubren sus verguenzas con hierba y paja. Es gente muy apocada y triste. Creemos que cerca de la costa, por la vía de aquellos pueblos que nosotros trujimos, hay más de mil leguas de tierra poblada y tienen mucho mantenimiento porque siembran tres veces en el año frísoles y maíz. Hay tres maneras de venados: los de la una dellas son tamaños como novillos de Castilla; hay casas de asiento que llaman buhíos, y tienen yerba, y esto es de unos árboles al tamaño de manzanos e no es menester más de coger la fruta y untar la flecha con ella; y si no tiene fruta quiebran una rama y con la leche que tiene hacen lo mesmo. Hay muchos destos árboles que son tan ponzoñosos que si majan las hojas dél e las lavan en alguna agua allegada, todos los venados y qualesquier otros animales que della beben revientan luego. En este pueblo estuvimos tres días y a una jornada de allí estaba otro en el cual nos tomaron tantas aguas que porque un río cresció mucho no lo podimos pasar y nos detuvimos allí quince días. En este tiempo Castillo vio al cuello de un indio una hebilleta de talabarte[1] de espada, y en ella cosido un clavo de herrar; tomósela y preguntámosle qué cosa era aquella e dijéronnos que habían venido del cielo. Preguntámosle más que quién la había

(1) *talabarte:* Cinturón de cuero.

traído de allá, e respondieron que unos hombres que traían barbas como nosotros, que habían venido del cielo y llegado a aquel río, y que traían caballos y lanzas y espaldas y que habían alanceado dos dellos. Y lo más dismuladamente que podimos les preguntamos qué se habían hecho aquellos hombres, y respondiéronnos que se habían ido a la mar y que metieron las lanzas por debajo del agua y que ellos se habían también metido por debajo y que después los vieron ir por cima hacia puesta del sol. Nosotros dimos muchas gracias a Dios Nuestro Señor por aquello que oímos, porque estábamos desconfiados de saber nuevas de cristianos, y por otra parte nos vimos en gran confusión y tristeza creyendo que aquella gente no sería sino algunos que habían venido por el mar a descubrir; más al fin como tuvimos tan cierta nueva dellos dímonos más priesa a nuestro camino y siempre hallábamos más nueva de cristianos. Y nosotros les decíamos que les íbamos a buscar para decirles que no los matasen, ni tomasen por esclavos, ni los sacasen de sus tierras, ni les hiciesen otro mal ninguno, y desto ellos se holgaban mucho. Anduvimos mucha tierra y toda la hallamos despoblada porque los moradores della andaban huyendo por las sierras, sin osar tener casas, ni labrar, por miedo de los cristianos. Fue cosa de que tuvimos muy gran lástima viendo la tierra muy fértil y muy hermosa y muy llena de aguas y de ríos y ver los lugares despoblados y quemados y la gente tan flaca y enferma, huida y escondida toda. Y como no sembraban, con tanta hambre se mantenían con cortezas de árboles y raíces. Desta hambre a nosotros alcanzaba parte de todo este camino, porque mal nos podían ellos proveer estando tan desventurados que parescía que se querían morir. Trujéronnos mantas de las que habían escondido por los cristianos y diéronnoslas y aún contáronnos como otras veces habían entrado los cristianos por la tierra e habían destruido y quemado los pueblos y llevado la mitad de los hombres y todas las mujeres y muchachos, y que los que de sus manos se habían podido escapar andaban huyendo. Como los víamos tan atemorizados, sin osar parar en ninguna parte, y que ni querían ni podían sembrar, ni labrar la tierra, antes estaban determinados de dejarse morir y que esto tenían por mejor que esperar ser tratados con tanta crueldad como hasta allí, y mostraban grandísimo placer con nosotros, aunque temimos que llegados a los que tenían la frontera con los cristianos y guerra con ellos, nos habían de maltratar y hacer que pagásemos lo que los cristianos contra ellos hacían. Mas como Dios Nuestro Señor fue servido de traernos hasta ellos comenzáronnos a temer y acatar como los pasados, y aún algo más, de que no quedamos poco maravillados, por donde claramente se ve que estas gentes todas para ser atraídos a ser cristianos y a obediencia de la Imperial Majestad han de ser llevados con buen tratamiento, y que éste es camino muy cierto, y otro no. Éstos nos llevaron a un pueblo que está en un cuchillo de una sierra y se ha de subir a él por grande aspereza, y aquí hallamos mucha gente que estaba junta, recogidos por miedo de los cristianos. Rescibiéronnos muy bien y diéronnos cuanto tenían y diéronnos más de dos mil cargas de maíz, que dimos a aquellos miserables y hambrientos que hasta allí nos habían traído. Y otro día despachamos de allí cuatro mensajeros por la tierra, como lo acostumbrábamos hacer, para que llamasen y convocasen toda la más gente que pudiesen, a un pueblo que está tres jornadas de allí. Y hecho esto, otro día nos partimos con toda la gente que allí estaba y siempre hallábamos rastro y señales adonde habían dormido cristianos, y a mediodía topamos nuestros mensajeros que nos dijeron que no habían hallado gente, que toda andaban por los montes, escondidos, huyendo porque los cristianos no los matasen e hiciesen esclavos, y que la noche pasada habían visto a los cristianos estando ellos detrás de unos árboles mirando lo que hacían y vieron cómo llevaban muchos indios en cadenas, y desto se alteraron los que con nosotros venían y algunos dellos se volvieron para dar aviso por la tierra cómo venían cristianos, y muchos más hicieran esto si nosotros no les dijéramos que no lo hiciesen ni tuviesen temor, y con esto se aseguraron y holgaron mucho. Venían entonces con nosotros indios de cien leguas de allí y no podíamos acabar con ellos que se volviesen a sus casas, y por asegurarlos dormimos en el camino. Y el siguiente día los que habíamos enviado por mensajeros nos guiaron adonde ellos habían visto los cristianos, y llegados a hora de vísperas vimos claramente que habían dicho la verdad y conoscimos la gente que era de a caballo, por las estacas en que los caballos habían estado atados. Desde aquí, que se llama el río de Petutan, hasta el río donde llegó Diego de Guzmán, puede haber hasta él desde donde supimos de cristianos, ochenta leguas. Y desde allí hasta la mar del Sur había doce leguas. Por toda esta tierra, donde alcanzan sierras vimos grandes muestras de oro y alcohol, hierro, cobre y otros metales. Por donde están las casas de asiento es caliente, tanto que por Enero hace gran calor. Desde allí hacia el Mediodía de la tierra, que es despoblada hasta la mar del Norte, es muy desastrada y pobre, donde pasamos grande e increíble hambre. Y los que por aquella tierra habitan y andan es gente crudelísima y de muy mala inclinación y costumbres. Los indios que tienen casa de asiento y los de atrás ningún caso hacen de oro y plata, ni hallan que puedan haber provecho dello.

CAPÍTULO XXXIII
COMO VIMOS RASTRO DE CRISTIANOS

Después que vimos rastro claro de cristianos y entendimos que tan cerca estábamos dellos, dimos muchas gracias a Dios Nuestro Señor por querernos sacar de tan triste y miserable captiverio, y el placer que desto sentimos júzguelo cada uno cuando pensare el tiempo que en aquella tierra estuvimos y los peligros y trabajos por que pasamos. Aquella noche yo rogué a uno de mis compañeros que fuese tras los cristianos, que iban por donde nosotros dejábamos la tierra asegurada y había tres días de camino. A ellos se les hizo de mal esto, excusándose por el cansancio y trabajo, y aunque cada uno dellos lo pudiera hacer mejor que yo, por ser más recios y más mozos, mas vista su voluntad, otro día por la mañana tomé conmigo al negro y once indios y por el rastro que hallaba siguiendo a los cristianos pasé por tres lugares donde habían dormido, y este día anduve diez leguas. Y otro día de mañana alcancé cuatro cristianos de caballo que rescibieron gran alteración de verme tan extrañamente vestido y en compañía de indios. Estuviéronme mirando mucho espacio de tiempo, tan atónitos que ni me hablaban ni acertaban a preguntarme nada. Yo les dije que me llevasen adonde estaba su capitán, y así fuimos media legua de allí donde estaba Diego de Alcaraz, que era el capitán, y después de haberlo hablado me dijo que estaba muy perdido allí porque había muchos días que no había podido tomar indios y que no había por dónde ir, porque entre ellos comenzaba a haber necesidad y hambre. Yo le dije cómo atrás quedaban Dorantes y Castillo, que estaban diez leguas de allí con muchas gentes que nos habían traído. Y él envió luego tres de caballo y cincuenta indios de los que ellos traían y el negro volvió con ellos para guiarlos e yo quedé allí y pedí que me diesen por testimonio el año y el mes y día que allí había llegado y la manera en que venía, y ansí lo hicieron. Deste río hasta el pueblo de los cristianos, que se le llama San Miguel, que es de la gobernación de la provincia que dicen Nueva Galicia, hay treinta leguas.

CAPÍTULO XXXIV
DE COMO ENVIÉ POR LOS CRISTIANOS

Pasados cinco días llegaron Andrés Dorantes y Alonso del Castillo con los que habían ido por ellos y traían consigo mas de seiscientas personas que eran de aquel pueblo que los cristianos habían hecho subir al monte y andaban ascondidos por la tierra y los que hasta allí con nosotros habían venido los habían despedido todas las otras gentes que hasta allí habían traído. Y venidos adonde yo estaba, Alcaraz me rogó que enviásemos a llamar la gente de los pueblos que están a vera del río, que andaban ascondidos por los montes de la tierra, y que les mandásemos que trujesen de comer, aunque esto no era menester porque ellos siempre tenían cuidado de traernos todo lo que podían. Y enviamos luego nuestros mensajeros a que los llamasen y vinieron seiscientas personas que nos trujeron todo el maíz que alcanzaban, y traíanlo en unas ollas tapadas con barro en que lo habían enterrado y escondido, y nos trujeron todo lo más que tenían, mas nosotros no quisimos tomar de todo ello sino la comida, y dimos todo lo otro a los cristianos para que entre sí la repartiesen. Y después desto pasamos muchas y grandes pendencias con ellos porque nos querían hacer los indios que traíamos, esclavos, y con este enojo al partir dejamos muchos arcos turquescos que traíamos y muchos zurrones y flechas y entre ellas las cinco de las esmeraldas, que no se nos acordó dellas y ansí las perdimos. Dimos a los cristianos muchas mantas de vaca e otras cosas que traíamos; vímonos con los indios en mucho trabajo porque se volviesen a sus casas y se asegurasen y sembrasen su maíz. Ellos no querían sino ir con nosotros hasta dejarnos, como acostumbraban, con otros indios, porque si se volviesen sin hacer esto temían que se morirían, que para ir con nosotros no temían a los cristianos ni a sus lanzas. A los cristianos les pesaba desto y hacían que su lengua les dijese que nosotros éramos dellos mismos y nos habían perdido mucho tiempo había y que éramos gente de poca suerte y valor, y que ellos eran los señores de aquella tierra, a quien habían de obedescer y servir. Mas todo esto los indios tenían en muy poco o no nada de lo que les decían, antes unos con otros entre sí platicaban diciendo que los cristianos mentían, porque nosotros veníamos de donde salía el sol y ellos donde se pone, y que nosotros sanábamos los enfermos y ellos mataban los que estaban sanos, y que nosotros veníamos desnudos y descalzos y ellos vestidos y en caballos y con lanzas, y que nosotros no teníamos cobdicia de ninguna cosa, antes todo cuanto nos daban tornábamos luego a dar y con nada nos quedábamos, y los otros no tenían otro fin sino robar todo cuanto hallaban y nunca daban nada a nadie; y desta manera relataban todas nuestras cosas y las encarescían; por el contrario, de los otros. Y así les respondieron a la lengua de los cristianos y lo mismo hicieron saber a los otros por una lengua que entre ellos habían, con quien nos entendíamos, y aquellos que la usan llamamos propiamente Primahaitu, que es como decir vascongados, la cual más de cuatrocientas leguas de las que anduvimos hallamos usada entre ellos sin haber otra por todas aquellas tierras. Finalmente, nunca pudo acabar con los indios creer que éramos de los otros cristianos y con mucho trabajo e importunación los hecimos volver a sus casas y les mandamos que se asegurasen y asentasen sus pueblos y sembrasen y labrasen la tierra, que de estar despoblada estaba ya muy llena de monte, la cual sin dubda es la mejor de cuantas en estas Indias hay e más fértil y abundosa de mantenimientos, y siembran tres veces en el año. Tienen muchas frutas y muy hermosos ríos y otras muchas aguas muy buenas. Hay muestras grandes y señales de minas de oro e plata; la gente della es muy bien acondicionada; sirven a los cristianos (los que son amigos) de muy buena voluntad. Son muy dispuestos, mucho más que los de México, y finalmente es tierra que ninguna cosa le falta para ser muy buena. Despedidos los indios nos dijeron que harían lo que mandábamos y asentarían sus pueblos si los cristianos los dejaban, e yo así lo digo y afirmo por muy cierto, que si no lo hicieren será por culpa de los cristianos. Después que hobimos enviado a los indios en paz y regraciándoles el trabajo que con nosotros habían pasado, los cristianos nos enviaron, debajo de cautela, a un Cebreros, alcalde, y con él otros dos. Los cuales nos llevaron por los montes e despoblados por apartarnos de la conversación de los indios y porque no viésemos ni entendiésemos lo que de hecho hicieron, donde paresce cuánto se engañan los pensamientos de los hombres, que nosotros andábamos a les buscar libertad y cuando pensábamos que la teníamos suscedió tan al contrario, porque tenían acordado de ir a dar en los indios que enviábamos asegurados y de paz. Y ansí como lo pensaron lo hicieron; lleváronnos por aquellos montes dos días, sin agua, perdidos y sin camino, y todos pensamos perescer de sed y della se nos ahogaron siete hombres, y muchos amigos que los cristianos traían consigo no pudieron llegar hasta otro día a mediodía adonde aquella noche hallamos nosotros el agua. Y caminamos con ellos veinte y cinco leguas, poco más o menos, y al fin dellas llegamos a un pueblo de indios de paz y el alcalde que nos llevaba nos dejó allí y él pasó adelante otras tres leguas a un pueblo que se llamaba Culiazán, adonde estaba Melchor Díaz, alcalde mayor y capitán de aquella provincia.

CAPÍTULO XXXV
DE COMO EL ALCALDE MAYOR NOS RESCIBIÓ BIEN LA NOCHE QUE LLEGAMOS

Como el alcalde mayor fue avisado de nuestra salida y venida, luego aquella noche partió y vino adonde nosotros estábamos y lloró mucho con nosotros, dando loores a Dios Nuestro Señor por haber usado de tanta misericordia con nosotros, e nos habló y trató muy bien y de parte del gobernador Nuño de Guzmán e suya nos ofresció todo lo que tenía y podía y mostró mucho sentimiento de la mala acogida y tratamiento que en Alcaraz y los otros habíamos hallado, y tuvimos por cierto que si él se hallara allí se excusara lo que con nosotros y con los indios se hizo. Y pasada aquella noche otro día nos partimos y el alcalde mayor nos rogó mucho que nos detuviésemos allí y que en esto haríamos muy gran servicio a Dios y a Vuestra Majestad, porque la tierra estaba despoblada y sin labrarse y toda muy destruida y los indios andaban escondidos e huidos por los montes sin querer venir a hacer asiento en sus pueblos, y que los enviásemos a llamar y les mandásemos la parte de Dios y de Vuestra Majestad que viniesen y poblasen en lo llano y labrasen la tierra. A nosotros nos paresció esto muy dificultoso de poner en efecto porque no traíamos indio ninguno de los nuestros, ni de los que nos solían acompañar y entender en estas cosas. En fin aventuramos a esto los indios de los que traían alli captivos, que eran de los mismos de la tierra y éstos se habían hallado con los cristianos cuando primero llegamos a ellos y vieron la gente que nos acompañaba y supieron dellos la mucha autoridad y dominio que por todas aquellas tierras habíamos traído y tenido y las maravillas que habíamos hecho y los enfermos que habíamos curado y otras muchas cosas. Y con estos indios mandamos a otros del pueblo que juntamente fuesen y llamasen los indios que estaban por las sierras alzados, y los del río de Petaan, donde habíamos hallado a los cristianos, y que les dijesen que viniesen a nosotros porque les queríamos hablar. Y para que fuesen seguros y los otros viniesen les dimos un calabazo de los que nosotros traíamos en las manos (que era nuestra principal insignia y muestra de gran estado) y con éste ellos fueron y anduvieron por allí siete días y al fin dellos vinieron y trujeron consigo tres señores de los que estaban alzados por las sierras, que traían quince hombres y nos trujeron cuentas y turquesas y plumas. Y los mensajeron nos dijeron que no habían hallado a los naturales del río donde habíamos salido, porque los cristianos los habían hecho otra vez huir a los montes. Y el Melchor Díaz dijo a la lengua que de nuestra parte les hablase a aquellos indios y les dijese cómo veníamos de parte de Dios que está en el cielo y que habíamos andado por el mundo muchos años diciendo a toda la gente que habíamos hallado que creyesen en Dios y lo sirviesen porque era señor de todas cuantas cosas había en el mundo. Y que Él daba galardón y pagaba a los buenos, e pena perpetua de fuego a los malos, y que cuando los buenos morían los llevaba al cielo, donde nunca nadie moría, ni tenían hambre, ni frío, ni sed, ni otra necesidad ninguna, sino mayor gloria que se podría pensar. Y que los que no le querían creer ni obedescer sus mandamientos, los echaba debajo la tierra en compañía de los demonios y en gran fuego, el cual nunca se había de acabar, sino atormentarlos para siempre, y que allende desto si ellos quisiesen ser cristianos y servir a Dios de la manera que les mandásemos, que los cristianos les ternían por hermanos y los tratarían muy bien y nosotros les mandaríamos que no les hiciesen ningún enojo, ni los sacasen de sus tierras, sino que fuesen grandes amigos suyos; mas que si esto no quisiesen hacer, los cristianos les tratarían muy mal y se los llevarían por esclavos a otras tierras. A esto respondieron a la lengua que ellos serían muy buenos cristianos y servirían a Dios. Y preguntados en qué adoraban y sacrificaban y a quién pedían el agua para sus maizales y la salud para ellos, respondieron que a un hombre que estaba en el cielo. Preguntámosles cómo se llamaba y dijeron que Aguar, e que creían que él había criado todo el mundo y las cosas dél. Tornámosles a preguntar cómo sabían esto. Y respondieron que sus padres y abuelos se lo habían dicho, que de muchos tiempos tenían noticia desto y sabían que el agua y todas las buenas cosas las enviaba aquél. Nosotros les dijimos que aquél que ellos decían nosotros lo llamábamos Dios, y que ansí lo llamasen ellos y lo sirviesen y adorasen como mandábamos y ellos se hallarían muy bien dello. Respondieron que todo lo tenían muy bien entendido y que así lo harían. Y mandámosles que bajasen de las sierras y viniesen seguros y en paz y poblasen toda la tierra e hiciesen sus casas e que entre ellas hiciesen una para Dios y pusiesen a la entrada una cruz como la que allí teníamos, y que cuando viniesen alli los cristianos los saliesen a rescebir con las cruces en las manos, sin los arcos y sin armas, y los llevasen a sus casas y les diesen de comer de lo que tenían, y por esta manera no les harían mal, antes serían sus amigos. Y ellos dijeron que ansí lo harían como nosotros lo mandábamos. Y el capitán les dio mantas y los trató muy bien, y así se volvieron llevando los dos que estaban captivos e habían ido por mensajeros. Esto pasó en presencia del escribano que allí tenían y otros muchos testigos.

CAPÍTULO XXXVI
DE COMO HECIMOS HACER IGLESIAS EN AQUELLA TIERRA

Como los indios se volvieron todos, los de aquella provincia, que eran amigos de los cristianos, como tuvieron noticia de nosotros nos vinieron a ver y nos trujeron cuentas y plumas. Y nosotros les mandamos que hiciesen iglesias y pusiesen cruces en ellas, porque hasta entonces no las habían hecho. Y hecimos traer los hijos de los principales señores y baptizarlos. Y luego el capitán hizo pleito homenaje a Dios, de no hacer ni consentir hacer entrada ninguna, ni tomar esclavo por la tierra y gente que nosotros habíamos asegurado, y que esto guardaría y cumpliría hasta que Su Majestad y el gobernador Nuño de Guzmán, o el visorrey en su nombre, proveyesen en lo que más fuese servicio de Dios y de Su Majestad. Y después de baptizados los niños nos partimos para la villa de San Miguel, donde como fuimos llegados vinieron indios que nos dijeron cómo mucha gente bajaba de las sierras y poblaban en lo llano y hacían iglesias y cruces y todo lo que les habíamos mandado, y cada día teníamos nuevas de cómo esto se iba haciendo y cumpliendo más enteramente. Y pasados quince días que allí habíamos estado llegó Alcaraz con los cristianos que habían ido en aquella entrada y contaron al capitán cómo eran bajados de las sierras los indios y habían poblado en lo llano y habían hallado pueblos con gente, que de primero estaban despoblados y desiertos, y que los indios les salieron a rescebir con cruces en las manos y llevaron a sus casas y les dieron de lo que tenían y durmieron con ellos allí aquella noche. Espantados de tal novedad y de que los indios les dijeron cómo estaban ya asegurados, mandó que no les hiciesen mal, y ansí se despidieron. Dios Nuestro Señor por su infinita misericordia quiera que en los días de Vuestra Majestad y debajo de vuestro poder y señorío, estas gentes vengan a ser verdaderamente y con entera voluntad subjetas al verdadero Señor que los crió y redimió. Lo cual tenemos por cierto que así será y que Vuestra Majestad ha de ser el que lo ha de poner en efecto (que no será tan difícil de hacer), porque dos mil leguas que anduvimos por tierra y por la mar en las barcas y otros diez meses que después de salidos de captivos sin parar anduvimos por la tierra, no hallamos sacrificios ni idolatría. En este tiempo travesamos de una mar a otra y por la noticia que con mucha diligencia alcanzamos a entender que la costa del Sur hay perlas y mucha riqueza y que todo lo mejor y más rico está cerca della. En la villa de San Miguel estuvimos hasta quince días del mes de Mayo, y la causa de detenernos allí tanto fue porque de allí hasta la ciudad de Compostela, donde el gobernador Nuño de Guzmán residía, hay cien leguas y todas son despobladas y de enemigos, y hobieron de ir con nosotros gente con que iban veinte de caballo que nos acompañaron hasta cuarenta leguas, y de allí adelante vinieron con nosotros seis cristianos que traían quinientos indios hechos esclavos. Y llegados en Compostela el gobernador nos rescibió muy bien y de los que tenía nos dio de vestir, lo cual yo por muchos días no pude traer, ni podíamos dormir sino en el suelo, y pasados diez o doce días partimos para México y por todo el camino fuimos bien tratados de los cristianos y muchos nos salían a ver por los caminos y daban gracias a Dios de habernos librado de tantos peligros. Llegamos a México, domingo, un día antes de la víspera de Santiago, donde del Visorrey y del Marqués del Valle fuimos muy bien tratados y con mucho placer rescebidos e nos dieron de vestir y ofrescieron todo lo que tenían, y el día de Santiago hobo fiesta y juego de cañas y toros.

CAPÍTULO XXXVII
DE LO QUE ACONTESCIÓ CUANDO ME QUISE VENIR

Después que descansamos en México dos meses yo me quise venir en estos reinos e yendo a embarcar en el mes de Octubre vino una tormenta que dio con el navío al través y se perdió. Y visto esto acordé de dejar pasar el invierno, porque en aquellas partes es muy recio tiempo para navegar en él, y después de pasado el invierno, por cuaresma nos partimos de México Andrés Dorantes e yo para la Veracruz para nos embarcar, y allí estuvimos esperando tiempo hasta domingo de Ramos que nos embarcamos y estuvimos embarcados más de quince días por falta de tiempo. Y el navío en que estábamos hacía mucha agua. Yo me salí dél y me pasé a otros de los que estaban para venir, y Dorantes se quedó en aquél. Y a diez días del mes de Abril partimos del puerto tres navíos y navegamos juntos ciento y cincuenta leguas, y por el camino los dos navíos hacían mucha agua y una noche nos perdimos de su conserva[1] porque los pilotos y maestros (según después paresció) no osaron pasar adelante con sus navios y volvieron otra vez al puerto do habían partido, sin darnos cuenta dello ni saber más dellos, y nosotros seguimos nuestro viaje. Y a cuatro días de Mayo llegamos al puerto de La Habana, que es en la isla de Cuba, adonde estuvimos esperando los otros dos navíos, creyendo que vernían, hasta dos días de Junio que partimos de allí con mucho temor de topar con franceses, que habían pocos días que habían tomado allí tres navíos nuestros. Y llegados sobre la isla de la Bermuda nos tomó una tormenta que suele tomar a todos los que por allí pasan. La cual es conforme a la gente que dicen que en ella anda, y toda una noche nos tuvimos por perdidos. Y plugo a Dios que venida la mañana cesó la tormenta y segui-

(1) *conserva:* Compañía que se hacen varias embarcaciones navegando juntas para auxiliarse o defenderse.

mos nuestro camino. A cabo de veinte y nueve días que partimos de La Habana habíamos andado mil y cien leguas que dicen que hay de allí hasta el pueblo de los Azores. Y pasando otro día por la isla que dicen del Cuervo dimos con un navío de franceses; a hora de mediodía nos comenzó a seguir con una carabela que traía tomada de portugueses y nos dieron caza y aquella tarde vimos otras nueve velas y estaban tan lejos que no podimos conoscer si eran portogueses o de aquellos mesmos que nos seguían. Y cuando anoschesció estaba el francés a tiro de lombarda de nuestro navío y desque fue oscuro hurtamos la derrota por desviarnos dél y como iba tan junto de nosotros nos vio y tiró la vía de nosotros, y esto hecimos tres o cuatro veces y él nos pudiera tomar si quisiera, sino que lo dejaba para la mañana. Plugo a Dios que cuando amanesció nos hallamos el francés y nosotros juntos y cercados de las nueves velas que he dicho que a la tarde antes habíamos visto, las cuales conoscíamos ser de la armada de Portogal, y di gracias a Nuestro Señor por haberme escapado de los trabajos de la tierra y peligros del mar. Y el francés, como conosció ser el armada de Portogal, soltó la carabela que traía tomada, que venía cargada de negros, la cual traía consigo para que creyésemos que eran portogueses e la esperásemos, y cuando la soltó dijo al maestre y piloto della que nosotros éramos franceses y de su conserva. Y como dijo esto metió sesenta remos en su navío y ansí a remo y a vela se comenzó a ir y andaba tanto que no se puede creer. Y la carabela que soltó se fue al galeón y dijo al capitán que el nuestro navío y el otro eran de franceses, y como nuestro navío arribó el galeón y como toda la armada vía que íbamos sobre ellos, teniendo por cierto que éramos franceses se pusieron a punto de guerrra y vinieron sobre nosotros y llegados cerca les salvamos. Conoscido que éramos amigos se hallaron burlados por habérseles escapado aquel corsario con haber dicho que éramos franceses y de su compañía, y así fueron cuatro carabelas tras él. Y llegado a nosotros el galeón, después de haberles saludado nos preguntó el capitán Diego de Silveira que de dónde veníamos y qué mercadería traíamos, y le respondimos que veníamos de la Nueva España y que traíamos

150

plata y oro. Y preguntónos qué tanto sería. El maestro le dijo que traería trescientos mil castellanos. Respondió el capitán: *boa fee que venis muito ricos, pero trayedes muy ruin navio y muito ruin artilleria; io fi de puta! can a renegado francés e que bon bocado perdió, vota Deus. Ora sus pos vos avedes escapado, seguíme e non vos apartedes de mí; que con ayuda de Deus eu vos porné en Castela.* Y dende a poco volvieron las carabanas que habían seguido tras el francés, porque les paresció que andaba mucho y por no dejar el armada que iba en guarda de tres naos que venían cargadas de especería. Y así llegamos a la isla Tercera, donde estuvimos reposando quince días, tomando refresco y esperando otra nao que venía cargada de la India, que era de la conserva de las tres naos que traía el armada. Y pasados los quince días nos partimos de allí con el armada y llegamos al puerto de Lisbona a nueve de Agosto, víspera de señor San Laurencio, año de mil y quinientos y treynta y siete años. Y porque es así la verdad como arriba en esta relacion digo, lo firmé de mi nombre. *Cabeza de Vaca.* Estaba firmado de su nombre y con el escudo de sus armas la relación donde éste se sacó.

CAPÍTULO XXXVIII
De lo que suscedió a los demás que entraron en las Indias

Pues he hecho relación de todo lo susodicho en el viaje y entrada y salida de la tierra hasta volver a estos reinos, quiero asimesmo hacer memoria y relación de lo que hicieron los navíos y la gente que en ellos quedó, de lo cual no he hecho memoria en lo dicho atrás porque nunca tuvimos noticias dellos hasta después de salidos, que hallamos mucha gente dellos en la Nueva España, y otros acá en Castilla, de quien supimos el suceso e todo el fin dellos de qué manera pasó. Después que dejamos los tres navíos, porque el otro era ya perdido en la costa brava, los cuales quedaban a mucho peligro y quedaban en ellos hasta cien personas con pocos mantenimientos. Entre los cuales quedaban diez mujeres casadas, y una dellas había dicho al gobernador muchas cosas que le acaescieron en el viaje antes que les suscediesen, y ésta le dijo cuando entraba por la tierra que no entrase, porque ella creía que él, ni ninguno de los que con él iban, no saldrían de la tierra, y que si alguno saliese que haría Dios por él muy grandes milagros; pero creía que fuesen pocos los que escapasen, o no ningunos, y el gobernador entonces le respondió que él y todos los que con él entraban iban a pelear y conquistar muchas y muy extrañas gentes y tierras. Y que tenía por muy cierto que conquistándolos habían de morir muchos, pero aquéllos que quedasen serían de buena ventura y quedarían muy ricos, por la noticia que él tenía de la riqueza que en aquella tierra había y díjole más, que le rogaba que ella le dijese las cosas que había dicho, pasadas y presentes, ¿quién se las había dicho? Ella le respondió y dijo que en Castilla una mora de Hornachos se lo había dicho, lo cual antes que partiésemos de Castilla nos lo había a nosotros dicho y nos había suscedido todo el viaje de la misma manera que ella nos había dicho. Y después de haber dejado el gobernador por su teniente y capitán de todos los navíos y gente que allí dejaba, a Carvallo, natural de Cuenca, de Huete, nosotros nos partimos dellos, dejándoles el gobernador mandado que luego en todas maneras se recogiesen todos a los navíos y siguiesen su viaje derecho la vía del Pánuco, e yendo siempre costeando la costa y buscando lo mejor que ellos pudiesen el puerto, para que en hallándolo parasen en él y nos esperasen. En aquel tiempo que ellos se recogían en los navíos dicen que aquellas personas que allí estaban vieron y oyeron todos muy claramente cómo aquella mujer dijo a las otras, que pues sus maridos entraban por la tierra adentro y ponían sus personas en tan gran peligro, no hiciesen en ninguna manera cuenta dellos y que luego mirasen con quién se habían de casar, porque ella así lo había de hacer, y así lo hizo, que ella y las demás se casaron y amancebaron con los que quedaron en los navíos. Y después de partidos de allí los navíos hicieron vela y siguieron su viaje y no hallaron el puerto adelante y volvieron atrás. Y cinco leguas más abajo de donde habíamos desembarcado hallaron el puerto que entraba siete o ocho leguas la tierra adentro y era el mismo que nosotros habíamos descubierto, adonde hallamos las cajas de Castilla que atrás se ha dicho, a do estaban los cuerpos de hombres muertos, los cuales eran cristianos. Y en este puerto y esta costa anduvieron los tres navíos y el otro que vino de La Habana y el bergantín buscándonos cerca de un año, y como no nos hallaron fuéronse a la Nueva España. Este puerto que decimos es el mejor del mundo y entra la tierra adentro siete o ocho leguas y tiene seis brazos a la entrada, y cerca de tierra tiene cinco, y es lama el suelo dél e no hay mar dentro, ni tormenta brava, que como los navíos que cabrán en él son muchos, tiene muy gran cantidad de pescado. Está cien leguas de La Habana, que es un pueblo de cristianos en Cuba, y está a Norte Sur con este pueblo, y aquí reinan las brisas siempre y van y vienen de una parte a otra en cuatro días, porque los navíos van y vienen a cuartel.[1]

Y pues he dado relación de los navíos será bien que diga

[1] Es la actual bahía de Tampa, en la Florida.

quién son y de qué lugar destos reinos los que Nuestro Señor fue servido de escapar destos trabajos. El primero es Alonso del Castillo Maldonado, natural de Salamanca, hijo del doctor Castillo y de doña Aldonza Maldonado. El segundo es Andrés Dorantes, hijo de Pablo Dorantes, natural de Béjar y vecino de Gibraleón. El tercero es Alvar Nuñez Cabeza de Vaca, hijo de Francisco de Vera y nieto de Pedro de Vera el que ganó a Canarias, y su madre se llamaba doña Teresa Cabeza de Vaca, natural de Jerez de la Frontera. El cuarto se llama Estebanico; es negro alárabe,[2] natural de Azamor.

(2) *alárabe:* árabe.

Índice

LISTA DE TÍTULOS

BIBLIOTECA DE ÉTICA,
FILOSOFÍA
DEL DERECHO Y POLÍTICA

Dirigida por:

Ernesto Garzón Valdés (Maguncia, Alemania) y Rodolfo Vázquez (ITAM, México)

DOCTRINA JURÍDICA CONTEMPORÁNEA

COLECCIÓN DIRIGIDA POR
José Ramón Cossío y Rodolfo Vázquez

Esta obra se imprimió bajo el cuidado de Ediciones Coyoacán, S. A. de C. V.,
Hidalgo 47-2, Coyoacán, en enero de 2001.
El tiraje fue de 1000 ejemplares más sobrantes para reposición.